新編 廓《くるわ》の生活

中野栄三❖著

By NAKANO Eizo

New edition:
Life in the "KURUWA"

本書は、弊社より一九六八年六月に〈初版〉を、一九七二年五月には〈増補新版〉を刊行し、その後版を重ねてまいりました。今回の〈新編〉刊行にあたっては、原文を尊重しつつ明らかな誤字・誤植を修正、不鮮明図版の差し替えをおこない、より読みやすくなるよう版面レイアウトも一新いたしました。なお本版においては、書名の「廓の生活」にそぐわないと判断した底本の記述を一部割愛しております。
また本文中において一部に不適切な表現が見受けられますが、執筆時の時代的背景を考慮し原文通りといたしましたこと、あわせて御了承願います

（雄山閣編集部）

【本書の刊行履歴】（※「生活史叢書15」）

・〈初　版〉　一九六八年六月
・〈増補新版〉　一九七二年五月
・〈新　装　版〉　一九八一年三月
・〈新装二版〉　一九八八年五月
・〈新装三版〉　一九九三年六月

『新編　廓の生活』目　次

第二章　娼家と茶屋

浮世絵に見る遊女の盛装

(右) 香蝶楼国貞画・新吉原江戸町一丁目、玉屋の若むらさき

(左) 髪飾、三本歯の下駄などがわかる芳虎の絵

まえがき

売春というものがなぜ行われるか。売春に関する記述や研究はすでに多くの書物となって出ている。しかもその歴史と形態とは古くからさまざまに変化しながら、絶えることがない。

歴史的売春形態には宗教的売春、奴隷売春、祭礼的売春、接待的売春、営利売春などに分けているものもあるが、結婚にも一夫多妻、一妻多夫があり、また群婚、乱婚などがあり、風俗的にはこれらの区別はむずかしい。そこで近来は、売春とは「報酬を目的として不特定な相手と性交することだ」としている。相手との間の恋愛の有無にかかわらず、営利が目的でそれを稼業として反覆行うことだという。

以前の刑法上の解釈では、売春の主体は女性とされていたように、風俗的には女は売り方であり、男は買い方として女に代償を払うのが慣例となっていた。また娼婦の種類には定住娼婦と移動娼婦とに分け、定住娼婦の営業所を娼家と称した。だが稼ぎ場所から大別すれば、屋内娼、街娼、水上娼、行商娼婦などがあり、近来はその他の形態も出現している。

とにかく売春は社会風俗秩序を乱し、浪費と怠惰の気風を助長し、犯罪を誘発する行為であるとして取締られてきたのだったが、古くは遊びと称してたいして問題にされなかった時代もあるし、江戸時代には政策上から地域を定めて官許の集娼を認めた。以来、公娼と私娼とに分かれ、吉原遊廓は官許の遊里というわけで非常な繁華を現出した。

しかし庶民生活の中での欲求は、やがて市中の諸所に私娼の遊里をも出現させ、文芸諸書に遊里を材題としていないものはないまでの有様となり、江戸の町人文化は、実に遊里を発祥地とするとさえいわれるに至ったのである。このように、江戸時代の遊里と庶民生活風俗とには密接な関係があった。

よってわが国の遊里風俗史を語れば、すこぶる長文になる。さきに刊行された拙著『遊女の生活』では、娼婦を中心として見た遊里の生活を記したが、ここでは遊里史的な遊里の盛衰と、それをめぐる人々の生活風俗、そして、さらに時代的世相背景を述べることとした。しかも他書の遊里史とは異なった遊里の構成要素をなす人々と事象を取りあげて、その各々の史的推移を記し、風俗的に見た遊里の理解を意図した。

また一面、本稿は「明治百年における遊里篇」との意味もあって、そのために江戸の遊里の部分をきわめて簡略にしたが、それでも長文となり戦後の遊里については割愛するの止むなきに至ったのである。せつにご諒承を乞うしだいである。

本稿の執筆にあたり、いつもながら貴重な助言や資料の貸与を賜わった知名篤志家諸氏、ならびに知友の方々に心から謝意を捧げます。

著者識

第一章　廓と遊里

廓と遊里とは

くるわ

「くるわ」は郭または廓と書き、城郭のように周囲を石や土で囲い、堀などをめぐらせた一画のことである。吉原遊廓も官許の地に溝渠をめぐらせて作ったので遊廓の名があるわけだが、またこの一画には遊女屋関係の業者だけが集団的に存在し、かつ遊女屋は廓外での営業を禁じられていたから、「遊廓」との名はおそらく後になって称せられた通称だったろう。

公文書としての、かの元和五ヵ条には「傾城町」といい、寛政六年の仮宅取締令にもただ「吉原町」と称されている。だがその中の一ヵ所に――廓内と違い外町に差置候内は云々――とて万事に目立ぬよう慎むべきことが指示されているが、その他の触書などにもみな吉原町とか遊女町といっているだけである。この廓内とあるのは遊廓の意味というよりもむしろ「外町」に対する官許の地域との意味だったであろう。そして一般の言葉としての「廓通い」「廓言葉」などということは文芸ものに称せられた。

遊廓がこのように街の中に区画された形式は、中国の形式を模倣したもので、中国にはすでに古くから行われ、やはり柳なども植えられていて〝柳巷狭斜〟との称もあったとの説があるけれども、わが国のものはかならずしもその模倣だとの確証はない。周囲に堀をめぐらして、大門一方口としたのも、妓の逃亡を警戒し、また元和五ヵ条に示された不審な浪人などの探索上の考慮からだったと見るべきであり、柳についても、柳町とか柳橋などと遊里花街にこれに因んだ地名があるが、『貞丈随筆』には、

傾城の宅の前に柳を二本植え、横手を結び、のれんをかけ、それに遊女の名を書き、その下に浮世袋というものを自分の細工にて付せしなり。

という風習が古くから行われていたのである。

くつわ・亡八

次にもう一つ、遊里の名に轡《くつわ》というのがあり、亡八《ぼうはち》もこれを「くつわ」と訓している。『麓の色』に、

今は娼家の主を長者といわず、俗に亡八という。

とあり、ここでは娼家の主人の名としているのだが、『古語辞典』では亡八に、

遊里に遊ぶこと。仁義礼智信忠孝悌の八徳を忘れるとの意（それほど面白いところ故）、また遊女屋のこと。また は遊女屋の主人のこと。

との解説があり、『川柳辞彙』には、

亡八。遊女町、遊女屋、またその亭主等の異称。孝悌忠信礼義廉恥の八つを忘れるというので亡八だという。亡八はくつわと訓むのが本当である。

といっている。

遊里を「くつわ」と称したことについてはいくつかの異説がある。『洞房語園』には、
①京都柳町の遊女町を開設した原三郎左衛門は、太閤秀吉の馬の口取をしていた者だったから、傾城屋を轡屋と呼んだのだという。
『落穂集』にも庄司甚内らが吉原遊廓を作ったとき、廓の内に十文字の道を通したので、「くつわ」といったと、これは吉原のことにいっている。
②以前、大橋柳町に遊女屋があったころ、ここの町形は縦横に道を作り、十文字だったから、くつわ町と呼び、娼家を「くつわ屋」と呼んだのだとの説。
③遊女屋は不倫不徳の稼業で、ここでは仁義礼智信忠孝悌の八徳を忘失したものだとの意味から、亡八屋（くつわや）と付けられた。
などの諸説がある。由来「くつわ」は馬具の名で、これを馬の口にかませて手綱に結び、それで馬を操縦したのである。よって遊女をあやつり稼がせるとの意味で、遊女屋あるいはその抱主である主人の異名となったものと思われる。しかし亡八または忘八を「くつわ」と訓ませるのは有り得ないことで、他にはどこにも例のない当て字である。

亡八の故事については中国に「烏亀」の俗脱があり、亀の雌雄は自ら交ることが出来ないから、雌を放って蛇と交わらさせた、との俗説から己が妻を他八にくながせる「つつもたせ」や紐の男の所業を亡八の不徳者といったのである。

それをわが国では、くつわ屋の主人に当てたのであると思われる。

花街

さて廓は元来地形的な称であるが、さらに「遊廓」としては指定された官許の遊女町ということになり、その他の岡場所は盛り場の意味で、任意的私娼の集団地域であるから、これらは一般称の「遊里」と称し、異名には「かくれ里」とか「隠し町」「わけ里」などの呼称もある。また市中の芸者屋町は本来は遊芸をもっぱらとする所なのだが、歴史的にはやはり売色の遊び場だったから、これは「花街」と区別して称する方が便宜と考えられる。よって本稿ではだいたいそうした意味で述べることとした。

明治になって、明治六年十二月十日付東京府達第四五号で「貸座敷渡世規則」が公布されたとき、吉原以外に品川、新宿、板橋、千住の四宿共、計五ヵ所が遊廓として認められたのであり、明治九年二月二十四日警視庁布達第四七号で「貸座敷娼妓規則」改正の際、さらに根津遊廓が加えられて六ヵ所となった。従来の遊女屋が「貸座敷」ということになり、解釈が変ったためである。

そこで江戸時代の吉原遊廓一ヵ所だったのが、明治の遊廓は六ヵ所（根津は後に洲崎へ転じた）になった。そして実質的な違いはないけれども、解釈上の建前が変ったのである。

廓の制度、慣習などでも江戸から東京へ移った後も、特別の規則がない限りほとんど踏襲で変っていないことは、それらがとくに社会的秩序には係りなく、法令の関知するところでなかったからで、風俗的な部分が多いためであった。しかし明治以後の遊廓は貸座敷営業を中心とし、許可制をとり指定した地域内に限り営業させた。それが遊廓ということになった。そこで全国各地の遊廓はおびただしい数となり、形態もさまざまだった。

全国遊廓の所在地名は、上村行彰著『日本遊里史』(一九二九年刊)にも載っているが、『全国遊廓案内』(日本遊覧社編・一九三〇年刊)には、さらに詳しく各々の遊興制度から妓楼名、妓数、揚代などまで記されていて、近代の遊廓について知ることが出来る。また花街遊里のことでは、松山二郎著『全国花街めぐり』(一九二九年刊)の書が詳しい。その他、花街および芸妓風俗のことは、花園歌子著『芸妓通』(一九三〇年刊)があり、平山芦江著の随筆ものが数種出ている。

要するに遊里は歓楽の地であり、盛り場として起った。その内容は由来労苦に対する休息慰安であるが、また趣味の芸能などの観賞の場でもある。その情緒的感情に関連して、風俗的には性生活に発展する要素をもつ。形態としては「遊び」ということの意味の変化に伴い、種々の現象が現われている。

近世における遊里はもっぱら娼婦らの売春の場と考えられるようになったが、それも売春ということや娼婦の解釈によって異る。このことは明治以後、現代に至る遊里史上に最もよく現われているのである。

江戸の川柳に〝こりゃ喜助身共枕は買いに来ぬ〟とは、女郎にふられた浅黄裏の武左客が、男衆をつかまえて嫌味をいっている句だが、明治期には廻しの妓が一度も顔を出さないで遊客から抗議されると、なんの目的で登楼したのかということになって、牛太郎が平謝りにあやまっただけでは済まされず、料金全部を返さねばならなかった。

それほど現実的になり、目的がはっきりと限定されてきたわけである。したがって妓の方も、ことに時間遊びの客などには、そのことだけで何んの情緒も媚態も必要がなくなり、ただ重ねて来てもらうためにだけ、手管としてのフリを必要とすることだった。

ことに下級の娼婦となると、客をとらねば娼家の主人の当りが悪く、自分が居づらいために、強いて客を呼び込んだりするけれども、都合と相手によっては、石地蔵をきめこむこともあるし、一つ遊ばせてやれとてフリを付けたりした。まったく金をとりたいばかりに身を任すだけのことである。

そして戦後には、さらに公娼廃止となった結果、娼婦はすべて私娼一色となり、誰でも、いつでも、何処でも娼婦になれたから、娼婦も素人も区別がわからなくなり、遊里は無限に拡大され散在することとなったし、場合によっては飲み屋の娼婦でも、相手と顔馴染になって安心して交渉が出来ない間は、娼婦ではないような様子を見せるから、その間の浪費に堪えない人々には、誤って犯罪となるような行為に出ることもあった。

その後「売春防止法」の実施により、いっそう遊里の存在は有り得ないわけとなったが、現実はかえってさまざまな形に変って散在し、およそ盛り場、歓楽街といったところが、一面にはほとんどが遊里となって、姿なき私娼の群の暗躍の地と化したのである。そこで既往の遊里とか娼婦の意義はもはや理解出来なくなったかも知れない。

わが国が大戦に敗北して、敗戦国の立場に置かれたとき、再び戦争など起せない弱体化するため、三S主義政策が指導されたとの話もあり、とくにセックスの面では大きな変化が起っており、単なる遊里の問題だけではない。

四宿の遊里

江戸から各街道へ出る初宿、つまり東海道では品川宿、甲州街道への初宿は内藤新宿、板橋宿は中仙道、千住は日光道への初宿であり、これを、四宿と称していたが、吉原遊廓以外にこの四宿だけには飯盛旅籠《はたご》屋の名目で女郎屋を黙許したのである（詳しくは一九五九年・雄山閣刊・講座日本風俗史別巻『性風俗』第三巻所戴の拙稿「江戸の岡場所」を参照）。

『守貞謾稿』でもこれを官許の私娼だといっているくらいに特例的な存在だったのである。

普通の旅籠屋にまじって飯盛旅籠屋があり、それが宿場女郎屋だったのであるが、他の岡場所の私娼と違ってここは検挙されなかったのだから、ほとんど公然と営業していたのである。ことに品川の女郎屋は四宿中第一といわれていた程で、女郎も吉原を真似てなかなかの上妓が揃っていたという。そして張見世もして大いに繁昌したのだった。

明治になって、それまでの遊女屋が「貸座敷」業ということになり、「貸座敷渡世規則」が出来るとともに、この四宿の飯盛旅籠屋も同格に認められて、吉原以外にこの四宿と根津の五ヵ所が遊廓に加わったのである。そして明治時代の私娼が集団的になった遊里は、私娼窟として俗に「魔窟」などとも呼ばれていた。

岡場所遊里

岡場所遊里というのは「外場所」の意である。『守貞謾稿』には、

遊女町。島原、新町、吉原の如き官許にて廓をなすものに花街の字ありて、又祇園、島の内以下、上方

にて外町と云。特に京人は祇園町を指して河東と云、坂人は島の内坂下等を指て南と云、江戸にては深川以下を岡場所と云。

といっている。

幕府は吉原遊廓の官許と同時に、遊女たちの「町売り」を禁じ、また廓外での遊女稼業はいっさい許さないことにしたから、その後市中に起った私娼遊里を「岡場所」といったわけである。もちろん岡場所とは俗称で、公式な触書などには単に市中遊女町などといっている。江戸時代には私娼を「隠売女《かくしばいじょ》」と称した。そこで岡場所遊里のことは通称で、「かくれ里」「かくし町」「わけ里」などとも呼んだ。

「岡」の文字が書かれているために、苦海十年などといわれる廓の苦海に対して、廓外の私娼遊里を岡場所といったのだとの説もあるが、俗に局外者とか第三者の意味でいう岡目八目とか、岡惚れ、岡釣りなどの遊里語にある「岡」と同様、外の意である。

とにかく岡場所遊里は、吉原遊廓以外の地に自然発生的に起った非官許の遊女町で、その性格は多分に庶民的なものであった。そしてここにはさまざまな名で呼ばれた私娼が存在していたのである。俗言に、

女の好くもの、芝居、こんにゃく、いも、かぼちゃ。

といったのがあり、江戸の庶民は封建的武家社会の支配下にあって、女は芝居、男は遊里がその当時の唯一最大の娯楽機関でもあった。その遊里には無論岡場所が含まれていた、というよりもむしろ江戸後期の庶民文化時代には岡場所遊里の方が盛んだったといえるかも知れない。

岡場所の私娼がなぜこのように各所に発生したのか、理由はさまざまであろうが、吉原が官許の制約を受けて特殊な制度や形態が出来、堅苦しいものだったり、比較的費用が高くつくのを嫌って、もっと自由で簡

便安値な、しかも手近にある庶民の遊里として、これらが流行したのである。したがって岡場所に各種の妓が出現し、密娼家にひそかに客を遊ばせたり、あるいは茶屋を稼ぎ場として出入したりして、いつしか集団的な盛り場遊里を形成するに至ったのである。

吉原遊廓が出来る以前には、江戸市中のここ彼所に十数軒ずつの遊女屋があった。それらをみな吉原にまとめてしまったわけであったが、江戸の初期に現われた「遊女歌舞伎」の売女や、それから転じて起ったと見られる「踊子」の売女などはむしろ密娼であり、遊女屋の妓ではなかったから、吉原の遊女には含まれなかった。また湯女風呂の「町湯女」が売女化したのは寛永十年（一六三三）ころからだったから、これも吉原成立後に起った私娼というわけである。

その他、湯女風呂から転じた茶屋の「茶立女」、水茶屋の「茶汲女」などもあり、深川には「子供屋」として「伏玉」の妓や「呼出し」女郎を置いていた娼家以外にも、賤娼の「切見世」もあり、「町芸者」も売女が多かったのである。

江戸の岡場所で代表的なのは深川だが、「七場所」として有名な遊里が七ヵ所あった。全盛時代は安永四年（一七七五）ころで、市中六十四ヵ所に散在して私娼の遊里があったと記録されているが、興亡盛衰の地を数えあげると、実に百五十ヵ所にも及んでいる。これらの詳細は拙稿「江戸の岡場所」に載せたから、ここでは省略する。

こうした私娼街の出現する原因動機はなにか。明治時代以後にも、それはしばしば考えさせられるものがある。それから一度遊里化した地は、地理的にもまた遊里となり易いことなど、江戸の岡場所に限らず、大阪の諸例についてもいえることで、遊里の発生には雑草のような根強さがある。

廓の朝から夜中まで

宵と明け方

遊女は夜の女の本家、しかし吉原も古くは昼見世だけで夜の商売をしなかった時代には、客はみな昼間遊びに行ったわけである。だが吉原を不夜城などと呼んで、夜の商売となってからの方がやはり情緒的にも吉原らしくて繁昌した。そして昔は、客は眠っても遊女は一と晩中眠ってはならぬことになっていた。

後の時代にも遊女の身だしなみとしては、この風が守られていたところもある。そしていつ何時でも遊客の用事や寝物語の相手になれるだけのサービスがなければならないとされていたのである。客に妓が寝顔を見せるのは、客に嫌われる原因だといっていたが、せっかく化粧をして精々艶っぽく様子を作っているのに、化けの皮が剥げて、狐が尻っぽを出してしまったようなものだからである。

それと客が眼をさましたのに一緒に寝ている妓が寝込んでいて何も知らないようでは、場所が場所だけに、どんな悪さをされるかも知れないといったこともある。それでは稼業上思わぬ損失を招くことがあり、もちろん商売女だけあって常日ごろから、決して妓は仰向けに大の字なりに寝るものではないとか、自分はつねに右下に横に寝るものだと教えられてはいるけれども、寝こけてしまってはそんな訓練も役に立たぬことになるからだった。

寛政の小咄本『みせすががき』に、

売れっ妓のお千代、今日は客もないこと故、「チト休みな」と女将に云われて「そんなら暫らく……」

と二階へ上って行ったが、そのままとんと音沙汰がないので、女将が心配になり、二階へあがって見ると、お千代は打伏せになって昼寝。

との笑い話があるが、なかなか傑作である。とにかく、こうなると遊女には夜と朝の区切はないことになるのだが、娼家としては遊びの場代の関係があるので、大体朝は何時までときまりのあるのは旅館の場合と同じである。

さて石川雅望の『吉原十二時』によると、朝の六時から七時ころ、朝帰りの客を送り出すざわめきで夜が明けるという。近代ではたいてい八時が定刻だから、その前に妓が客を起す。だが「きぬぎぬ」の別れといって、妓にとってはこの時間切れのひと時が非常に重要なときなのである。

女郎の床は宵と明け方といわれ、それが定石となっているくらいなのだが、客も翌朝になってみれば気も抜けていささかうつろな心地ながらも、そこは遊びの慾、もう一度しんみりとしたいと願うもの。そこがまた女郎のつけ目で、いかにも惚れて別れが惜しいといった様子をする。手練手管のあれこれを用いて、もしもそのまま居続けとなれば、それも商売で、

〝居続けは毎朝鼻をつまませる〟

たとえ小うるさい客であっても、それぞれ場合に応じた手管で処理せねばならないし、朝帰りなら、「お近いうちに是非また来て」と、わけもなくしなだれ掛り、背を叩いたり、羽織を着せてやったり、女心のありたけを演出しての思わせぶり。〝裏を返さぬは男の恥〟であることを遊客に思い知らせねばならない。

もしも居続けとなれば、「ではお帳場へそのことを通して置く」とて、「朝直し」と称し、それから先は

改めて昼遊びの玉代が追加される。しかし、この手続きを口実に妓は別室に抜け出して休息をすることになる。

いずれにせよ八時から十時ごろまでが、女郎の本当の自由時間で、ぐっすりとひと眠り、客の方では姿を見せなくなった女郎を心待ちに待ちながらも、首を長くしたり、寝たふりをしたり、「亀の子」客の異名にもれず居るのを妓は知らないはずはないのだが、チョッとここらでひと眠りと、とんだ兎をきめ込むのである。

午の刻ちかく

たいていの娼家がそうであるように、吉原でも妓が起き出るのは午前十時ごろで、昼見世を張るところは十二時には見世に出なければならない。

もっとも実際は未の刻（二時）ごろから昼見世を張ったのだともいわれ、それも多くは田舎者の遊客が覗くくらいのものだった、と『吉原十二時』は記している。昼の吉原は概して閑散だった。だからその間に妓は湯上り化粧をしたり、食事を済ませた。娼家ではほとんどが朝食は抜きである。いきなり昼食となり、夕食は夜の見世に出る前にして、一日二食なのであり、夜食は遅くなって食べる場合もあるし、客席の食べもので間に合せるのも少なくない。若い上に特殊な肉体労働でこのような食生活だから、概して早死にするのも無理はない。

さて、妓楼の男衆や仲居女が動き出すのも正午近くからだった。まず各部屋の跡片付と掃除、〝ぎょうさんにしたと掃き出す出合茶屋〟

といった具合に簡単なものではない。床番が布団を運ぶ、客のとった台の物の残りは勝手元に下げるのが当然だが、慣習では一応ヤリテ（遣り手）の部屋へ持ち込む。台の物に対する女郎の勧誘ぶり、食べ方の監視のためといった名目はあるにせよ、沢山の料理の残り物にヤリテが食指を動かさないわけがない。とんだホマチと心得ているのである。

『吉原大全』に、

夜見世はじめし頃の定めに、昼は九ツより七ツまで、夜は六ツより四ツまでにてありしが云々。

とあり、これは張見世のことである。昼の張見世をせず夜だけとなったものの場合では、近代の女郎屋でも午後にはしばらく妓の暇の時間があった。この間に仲間同士の雑談が交されたり、入浴、化粧が行われ、さては小さい鏡を前にして秘術の「下刈り」をするものもあり、ヤリテが突出し妓に女郎の手管を教えたり、時には型の実習を行うこともあったという。

張見世までの間

夜の張見世までの間を『吉原十二時』では、辰之刻（午前八時～十時）このころに便所の汲取が来る、遊女の一睡。巳之刻（午前十時～十二時）遊女の起床、朝食、入浴、そして入浴しながら遊女たちは互いに客の噂話をする。

高らかに笑ひて、湯かたびらないがしろにうち掛けて、つつむべき所も覆いだにせず、立ち走りつつ去りぬる、いと放俗なり。

玄人女の間にのみ見られる風景である。しかしこうした噂話の間に、さまざまな男に対する扱いを知らさ

女郎部屋

二代景秀画・これから身仕舞をして店に出る女郎たち、女郎部屋での彼女らの雑然たる生活がうかがわれる珍しい図である。

れるのである。

またこのころに魚屋、八百屋などの商人が廓内を廻り歩くのであるし、通勤の男衆なども出勤して来る。娼家としては居続けの客もあるのだろうし、朝参りの客のある場合もあり、遊興費不足で世話を焼かす客、やれカン部屋へ下げろの、始末屋へ突き出すのとの事件もある。繁昌の家ではまったく昼夜の区別はないのである。

だがこうした雑多な忙しさにもかかわらず、廓内の表通りは、夜の繁華に比べて物のあわれを感じさせるほどの空虚な静けさ。なんといっても廓は夜の世界である。

午之刻（十二時～午後二時）この時刻には廓内に医者の駕籠が通るのが見られ、遊女屋の部屋の掃除も出来て、花屋が花を活けて行く。

未之刻（午後二時～四時）昼見世を張る。門限があって夜の遊びの出来ない侍客、町家の番頭の隠れ遊びなどが来るが、概して張見世にも熱が入らない退屈なものだった。

申之刻（午後四時～六時）昼見世がすんで、いよいよ本番の夜見世が始まるまで、この二時間は妓の休息時間でもあるし、準備時間でもあり、夕食時間でもある。夜見世と張見世とはいかにも吉原らしい賑いを示す活動期なのである。

娼家で毎日の営業開始を通言で「見世を付ける」といい、妓が見世に並んで遊客の「お見立」を待つのを「見世を張る」という。つまり張見世である。

娼家の昼夜営業は、江戸市中に散在した遊女屋時代からの業態だったが、元吉原開基後も昼夜の商売をやっていた。ところが寛永十七年に夜間営業を禁じられて昼のみとなった。それから明暦三年、新吉原に移ってからこの禁が解かれて昼夜営業となったが、享保九年春、廓内で武士と町人の争い事件があって再び夜間営業が禁じられ、午後四時か五時ごろに「きぬぎぬ」の別れを惜しむ有様だった。しかし間もなくまた解禁で昼夜営業となった。

そして昼見世は九ツ時（十二時）から始まり夕七ツ時（四時）に引け、夜見世は六ツ時（六時）から四ツ時（十時）までとしてあったが、夜の引け四ツに限り、四ツの鐘のとき、引けの拍子木を鳴らさず、ただ大門を鎖し傍のくぐり口から出入させ、九ツ（十二時）の鐘を合図に、往きには四ツの拍子木を打ち、帰りにはすぐ九ツの拍子木を打つので、引四ツ、鐘四ツと称して区別し、実際は夜見世は六時から十二時までだった。それでも店によっては午前の一時か二時まで続けたし、普通十一月から四月までは一時、五月から十月までは二時と定め、これを「大引け」と称し、十二時を「中引《なかびけ》」といったのである。

見世を付けるときには、その時刻が来るとまず店（総支配人格）または立番（下足番ともいい呼込の男衆）が、手を洗い口をそそいで縁起棚に向い、拍手礼拝し、真言と称する呪文を唱え、鈴を鳴らすのである。これを「見世出しの鈴」という。

『柳花通誌』に、

夜見世は暮六ツより四ツまでなり、また見世へ出るしらせに鈴を鳴らすを見世出しの鈴という。

とあるのがそれである。

礼拝が終ると男衆は表入口に行って、手のひらで柱と羽目板を叩き、鼠鳴きをしてから下足箱の傍らにある下足札の紐を右手に持ち、それを高くあげ鼠鳴きして、下足札で廓下を強く数回打つ。それから左足を後ろへ引き、下足札の束を左から右へ振り廻して、扇形に廓下に撒くようにして、後に紐を手元に締め寄せるのである。この下足札の打ち方にも幾種か式があったが、近代では無性打ちとて不規則の打ち方が行われていた。

とにかくこうした儀式めいたことが厳粛に行われたのであり、廓下を打つにも軽く打って音を冴えさせ、姿勢よく巧みな調子をつけてやるには、相当の経験を経ないと出来ないという。

この縁起棚の礼拝は、娼家の女将をはじめ家の者も拝して、商売繁昌を祈るのである。そして「見世出しの鈴」が鳴ると、それを合図に新造妓か内芸者が二人「見世すががき」を弾きはじめ、その間に張見世の妓が順次登場して席に居並ぶ。下足札をならし、すががきが終ってから客を入れるのである。

すががきは「清掻」とも書き、明治五年まで行われていた。昔は昼夜とも張見世してその都度弾いたが、後年には夜だけの張見世となってその時に弾いた。当初は唄の合の手に弾いたものだったという。元禄ごろに「二上りすががき」、「江戸すががき」、「山谷すががき」が出来たといわれ、安永ごろまでは、新造が長唄や豊後節などを思い思いに唄ったり、琴、三味線を弾いたのを誰々は声がいいとか、節が巧みだといって、店を明けるのを待兼ねて格子先へ人々が集って来たという。その後、唄がまったくなく、すががきだけとなったのである。

酉之刻（午後六時〜八時）張見世の灯も縁起棚の灯から移しともすのである。張見世が全面的に禁止となったのは大正五年七月だったが、永い伝統をもつ張見世は、遊客にとつて大きな魅力でもあり、楽しみでもあった。

〝相惚れは額へ格子の跡がつき〟

店先での口説、吸付たばこ、妓の手管はここでもさまざまあったが、遊客にも「ぞめき」や「とうりん坊」、「素見客」や「吉原好き」、「初会客」や「馴染客」と、江戸ッ子もあれば、武左浅黄の客、野暮な田舎者、通人粋客とその種類も多く、口の悪い者、角張った者と、それぞれを目敏く見分けて呼び込みをする立番の男衆も容易なことではなく、また繁昌の職責を担った重要な役目の者だった。

登楼ときまればヤリテに引き継ぎ、これも大事な役柄、このころから楼内の男衆、仲居女が忙しくなる。連中一座で景気よく上ったはいいが、いずれも相手のふところをあてにして、互いに金を持ち合せない者など、とかく世話を焼かせるのもある。

子之刻（十二時～二時）前にも述べたが、中引け、大引け時である。

『吉原十二時』に記された優雅な和文の大意を示すと、

四つの拍子木で張見世の妓は引上げる。この拍子木を合図に格子の内の隔ての障子を開け放ち、表の戸を下ろす、それが各戸一斉に行うので、その音やかましく驚くばかりという。台所では器物を洗う音も忙しく、売れ残りの妓は禿などと皆臥床入り、番の男のみ一人起きて時折奥と入口とを見巡り拍子木を打って歩く。表には鉄棒引きが鉄杖を振り鳴らして行き過ぎる。さては按摩の笛の音、夜そば売の男の呼び声など聞えて来て、往来の人の影もうすれる。

という。

〝火之用心さっしゃりましょう〟

そぞろ深夜の情景がしのばれるのである。

楼内は各部屋毎に、馴染妓との口説やら睦言、廻し部屋の振られ客は廊下を通る女郎の草履の音に、幾度となく聞き耳を立てては、それも空しくただ通り過ぎるに、やるせない心をかきたて、またはうらめしげに打ちしおれるなど、悲喜こもごもの時の経過。ようやく床に廻って来た妓の姿に続いて、睦み合う間もあらばこそ、〝用もないタンバコ売り〟ならぬ油差しの男の姿の現わるるも心憎く、あるいは最前より、枕頭に妓が居ながらも、永々といつ終るとも知れぬ永い文を書く様ももどかしく、幾度となく眼を細めに開けて盗み見するもあわれ、さては〝間夫は引け過ぎ〟と自ら心に励まして、じっと待つ廻しの客もあることだろう。

華やかな遊里の世界にも、また一面の哀愁はあるもの。

廓風俗

その他四季の紋日や行事には吉原も特別な人出で賑うけれども、その度毎に衣裳やら身の飾りで苦労するのは遊女だった。馴染客への無心の手紙も、よく遊ぶ客ほど案外に金には渋く、女に対する思いやりなど冷淡なもの。巧みに逃げを打つのも遊び上手との考えか、所詮は狐と狸の化し合いということになる。

粋な遊びも珍談奇談の評判にこそ、自他ともに興味をもつが、実のある話は少ないもの。遊女の手練手管の方が馬鹿らしさの中にも、余程の切実さがある。

吉原「にわか」も、結局は即興的な茶番劇。遊里の人々の隠し芸を、おどけ交りに披露する。思いがけない素朴な人間味が、その中に無遠慮に現われて、こうした世界ではとくに興味がもたれ、庶民的な行事の一つになっていたのである。

廓の女芸者の存在も遠く宝暦以来のことながら、ついには男芸者を駆逐して独自の勢力を獲得したが、あたかも風呂屋の垢かき女に代って男の三助が女湯に現われたのとは逆に、公認の娼婦に混って、遊びの廓に

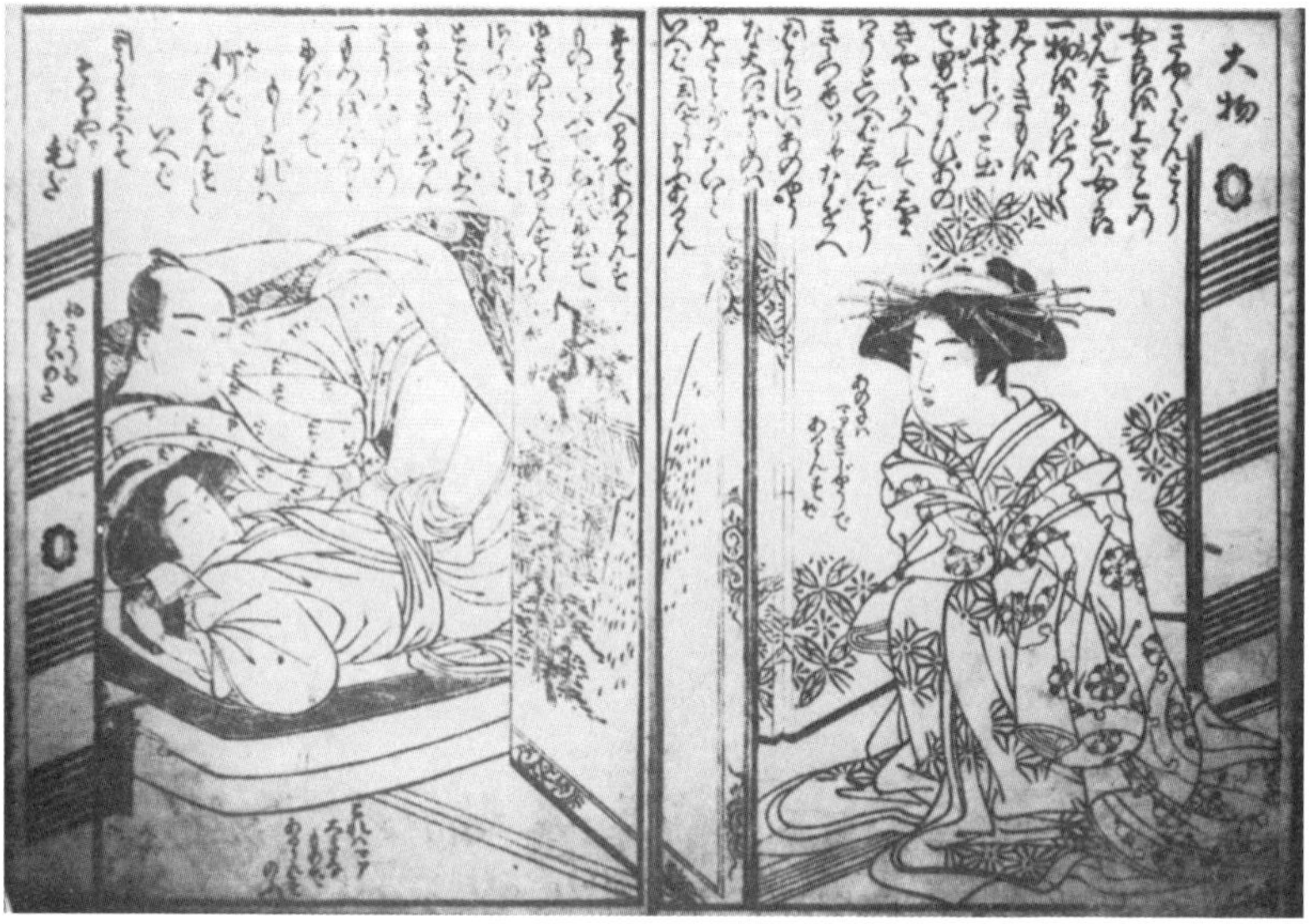

歌麿風の絵

突出し妓の床風景。古参の女郎が新造妓の様子を案じている図である。

女郎生活の一面

色男を囲んで楽しむ女郎生活の一側面を画いた図。

女芸者が色を売らない色気稼業を行っているのも、まったく奇風俗といわねばならない。

そういえば、〝北州に背中合せの松飾り〟といわれている仲ノ町茶屋の正月風俗の奇習もある。両側の茶屋の〆飾りを道の真ン中に飾ったのであるから、互いに背中合せに茶屋の方を向いて作られ、普通の場合とは裏返しだった。しかもこの飾りつけは一日で飾りあげる慣習だったから、一時は通行止めになって大騒ぎをするし、飾り終ると、〆飾りの上に傘をさしたのは雨などに濡れないためだったという。そして五丁町の遊女屋はよくある竹を松でくるんだような門松の飾りを設けたのである。

廓風俗ではその他にもさまざまなことがあって、登楼客は店の階段をあがって二階へ行くのに、途中で振り向いて階段に腰掛けたりするのは、〝あがりを止める〟とて、きつい禁忌になっていた。この風習は現今でも水商売の家では忌み嫌うのだが、旅館などの玄関を上ったところに腰掛けるのも禁物である。

盛塩、鼠鳴きは、どうして始まった縁起かわからないが、今も行われて伝統が残っている。その他縁起詞の数々も、心得のない客はそれだけ、もてないことになる。

大門の四郎兵衛番所は昔はあたかも吉原の関所だった。〝出女に入鉄砲〟とはこと変り、女人は門前の切手茶屋で通行切手（通行証）をもらって行かないと、帰りに大門から出ることが出来なかった。大体女には用のない廓なのだから、逃亡女郎の警戒に巻き込まれる懸念があった。その代り〝鉄砲かついで来た山中で、ししも撃たずに帰るのか〟と例え、場違いの鼻唄を唄っても、その鉄砲男の方は勿論出入自由だった。

しかし、褌一つに汚れた襦袢一枚、破れ傘一本を持たされて始末屋を出る男もあったらしいが、髷を切られてからくも頬冠りに人目を忍んで廓を出る男もあったという。こうした姿を見るのもこの里の異風俗だったといえるだろう。

女郎の手練手管は、秘中の秘として表面にはそれと気づかれないのが本旨とされているところだが、日毎夜毎に廓内には行われていることで、女郎にとっては苦心の訓練を要し、しかもその秘術も数々あり、それぞれの場に応じて用いねばならなかった。色の道もそれが稼業ともなれば、遊客と一緒に喜び楽しんではいられなかったというわけである。

明治の廓の人々

『大日本名所図会』所載の「廓内営業並に従事者の種類」というのに掲げられているものでは、貸座敷（遊女屋なり）、引手茶屋（遊客を案内するもの）、大小芸妓（歌舞をなすもの）、幇間（遊興を助くるもの）、台屋（飲食物を賄うもの）、使屋（客と娼妓の間に立ちて小用を弁ずるもの）、始末屋（無銭遊興者を処理するもの）、新造（娼妓と楼主と客の中に立ちて斡旋するもの）、遣手（娼妓を監理するもの）、妓夫（遊客を引くもの）、書記（文筆をとるもの）、風呂番（風呂を焚くもの）、豆（小女にて給仕するもの）、仲働（下碑なり）。〔間接的の者〕。按摩、義太夫、新内流し、法界ぶし、声色つかい、車夫、おでん燗酒、辻占売。とある。明治の廓の人々というわけだが、詳しくいえばもっと細かになるし、その他にもある。

人力車夫は廓外の者は廓内で稼ぐことは出来なかったが、廓通いの客を乗せて行くことは喜んだ。帰りに客を拾って来ることが出来たからである。そして遊客を主として相手にしている車夫は、車に乗せ方、曳き方などにも特色があり、吉原には限らないが、所定の車代のほかに祝儀がもらえたし、景気よく少しでも早く走るのが喜ばれたから、前を走る車を追い抜くたびに割増がついた風も行われていた。乗る客の方も、馴れた者は腰を浮かせて足を張って調子をとり、車夫が梶棒をおろした途端に車から飛び降りる。そのくらいでないと遊び客として車夫から尊敬されなかったという。

吉原の茶屋

『落穂集』に元吉原遊廓創設以前の吉原説のことを記している内に、

　南の片側をすみ町、北の片側を柳町と名づけ、中一筋の通りを中通と名づけ、このすじに表にかまどを出し、茶釜をかけ置き、入り来る客に茶をうり候、是を茶屋と申候。

とある。庄司甚内創設の元吉原以前に既に吉原の廓が存在したとの説は、なお種々の疑問があるが、とにかく遊里に「茶屋」が出現したということはうなづける。しかもその当初は、やはり休み茶屋だったが、やがて吉原においても「揚屋茶屋」制度の現われたことは、武家などがその邸に踊子の類を招いていたこと（廓外売女）が禁止されたためでもあろうが、また一面には当初の遊女は、置屋に住まって遊びは他に招かれて行ったとの形態を示すものだった、

　したがってこの「揚屋」は遊廓形成の要素の一つだったのであり、これを度外視するわけにはいかない。そして揚屋が確立されたとき、新吉原時代にもこれはなくてはならない存在だったから、次のような「揚屋作法」によって運用されていたのである。

一、客帰り候跡にて遊女留置申間敷事。
一、遊女送迎急度為レ致可レ申、尤下男素足にて可二罷出一候事。
一、身揚為レ致間敷、遊女たって申候はば差紙遣し、算用の節揚代相立可レ申事。
一、兼約の遊女を貰候はば、貰候客よりシュライ請取候て、兼約の揚屋へ可レ渡候、もし名代遊女揚候

　はば右に不及候、客参らず候兼約は、座敷代請取申間敷候事。

これによって揚屋の業態の主要な部分はわかるが、風俗的には遊女を呼ぶためには揚屋から置屋へ「差紙」という通知状に廓の月行事の印をもらって差出すのであり、それによつて遊女が揚屋へ出向くのを「道中」といい、それぞれの形式があった。

揚屋における客と遊女の有様は、延宝六年の『吉原恋の道引』などには、遊客はまるで貴人高位の人にでも接するようにして遊女に接している。才色兼備、芸能万般に通じた本格的な遊女が少なかったからでもあるが、それほどに太夫妓は権威をもっていたのも事実で、前々からあらかじめ申込んでおかないと呼ぶことは出来なかったくらいだった。

遊女屋においても、そのころは自家が著名なものとなり、繁昌するのはまったく高級な太夫が居るためだとして、遊女屋の主人はあたかも太夫妓の下僕のように奉仕し、妓を優遇していたのである。遊女の張りや意気地の伝統も、こうしたところから起ったものだった。

だが宝暦の初めには、吉原の揚屋もわずかに一軒となってしまったのは、太夫妓がいなくなったからで、吉原の揚屋はついに太夫の存在と運命を共にしたことになり、やがて「引手茶屋」に代ったのであつた。

明治になってからも引手茶屋は存続し、大まがきの一流妓楼は直接の登楼客はとらなかつたから、これらの妓楼へ遊ぶ客はすべて引手茶屋から送り込んだのであり、この茶屋には、またそうした上客の得意を常に確保していたのである。そこで明治時代になって廓が不況となり、各妓楼が特殊な広告をして直接遊客を引いた時には、引手茶屋の存在が妓楼にとってはかえって邪魔なものとなり、引手茶屋へ支払う手数料を省いて、それだけ安価にして遊客を引こうと考えたのであったが、結局この方法は失敗だったくらいに、引手茶屋の存在は決して無意義なものではなかったのである。

明治に継承された吉原

廓の生活はいわば一種の特殊社会で、風俗的にはその組織、制度、風習などさまざまな環境の中で、人々がいかに生活してきたかということである。しかも遊里は享楽という人間生活に共通した一面の欲求のために、各階層職種の人々が出入した点でも、特殊な意義があるといわねばならない。

だが現代ではすでにその廓も遊里も存在しなくなり、吉原の名さえ町名改正でなくなってしまったといい、名残りを惜しむ人々も決して少なくはないのである。このことは単にそれらの人々が、若き日の思い出のためばかりでなく、郷土的、時代的な生活につながりのあることを考えるとき、ここに記述しようとするそれぞれの記録が、われわれの風俗史的意味において、あながち無意義なものではないと思う。

江戸の庶民文化は実に遊里を発祥地としたとさえいわれ、遊里関係の書物は、これまでにも多く出ているけれども、ここではもっぱら明治以後の遊里についての記述を要求されたため、あたかも明治百年史における遊里篇として筆を執ったのであるが、さらに風俗資料としての部分に重きを置いて述べることとなった。

したがって明治時代に継承された吉原遊廓を中心とするその他の遊里についても、内容的には江戸時代からの伝統によるものが多く、それを知らないと理解出来ない事項がだいぶあるので、古いことはとくに基礎的な主要事項のみにとどめ略記することにした。

明治初年の吉原

吉原の娼妓たち

大政奉還と吉原

慶応三年（一八六七）十月、徳川の世もついに終焉を告げて、「大政奉還」となった。そして慶応四年（一八六八）七月には江戸が東京と改められ、九月には明治と改元し一世一元の制を定めた。これより維新の新政府は急遽諸般の基礎的政治体制樹立に着手したのであるが、従来の封建制武家政治を廃して、四民平等の新政権を施行するといい、一方にはまたほとんど未経験の海外諸国との外交にも当らねばならなかった。

このころ、旧幕臣で今後の無禄を覚悟の上、慶喜に随って駿遠の地に去ったもの六千五百余、その家族を合せると三万人と称せられ、街には武家邸跡の空家がおびただしく出来た。それと同時に主を失い禄を離れた下級家臣や特殊町人の類には、日々の生活にも困り、妻女や娘がついに街頭に出て売色する至り、街娼が氾濫したことは別項にも述べた通りで、自然遊里は不況の有様だった。それよりも維新の変革で吉原などは今後どうなることかと、これが業者らの頭痛の種だったのである。

だが慶応四年六月、つまり江戸が東京と改められる前の月、そして明治と改元される前に、次のような申渡しに接した。これで定めの上納金を出せば、従前通りの営業をして差し支えないということがわかった。

申　渡

新吉原町並深川黒江町外三町に罷在候遊女屋共

其方共儀、先逮国恩為二寡加一吉原町の方は月々遊女揚代取揚高之一割、深川の方は年々金一万五千両ずつ月割上納相願、旧幕府より願之通り申付置候処、自今以後是までの通り上納申付候間、納方等はすべて是迄之振合可心得。

そこで翌七月には遊女屋の方から、主人連名で大門内の乗馬禁止と、遊客が帯刀のままの登楼を禁じてもらいたいと願い出たので、左の制札及び高札が下付され、大門前に建てられた。

一、江戸町中端々まで遊女の類隠し置くべからず。若違犯の輩あらば其所の名主、五人組地主迄曲事たるべき者也

慶応四辰年　　月

一、医師の外何者によらず乗物一切無用たるべし。

附　鉄砲其外兵器を携、又は馬上にて門内堅停止たるべき者也。

但　刀脇差之儀も席えは不携、其遊女屋へ預置遊興いたすべき事。

慶応四辰年　　月

この文句は、元禄七年十一月に定められたものと多少字句は違うけれども、趣旨に変りはないものだったが、ついで明治元年十月十三日東京奠都となり、新政府機構もやや整備されたから、この大門の高札も明治二年二月に改正され、江戸の文字が東京となり、付と但書がそれぞれ一項目になった。

これで廓の営業も安定し、運営もし易くなったが、とにかく明治維新は薩長土肥の西国武士によって幕が開き、それらの武士がほとんど新政府の要人の座に納まったのであるから、この文明開化の官員らは、江戸っ子には決して尊敬される存在ではなかった。成り上りの田舎武士として、中には思い上った者が、若気の至りで乱暴を働く者も少なくなかったので、

上からは明治だなどと云うけれど

治まる明（めえ）と下からは読む

などの落首が貼られたりした。そして事実、美しい娘のいる家などへは、一面識もないのに無遠慮に上がり込んだり、宴席に抜刀して妓に裸踊りを強要し、快哉を叫び蛮勇を衒うような傍若無人の振舞をする者もあったために、廓でも前記のような高札を要請したわけなのである。

この明治に継承された吉原は、いうまでもなく新吉原遊廓で、浅草にあったものである。明治三年の東京区分図には、新吉原江戸町その他として載っている地域だが、現在は町名改正でこの名称はなくなってしまった。

吉原の組織と制度

娼婦には、かの「夜鷹」、「引っ張り」のような最も単純な形態のものもあるけれども、およそ稼業として売春を行う場合には、やはり組織的要件が必要で、娼婦だけでは充分な利益をあげることは出来ない。そこで娼婦、稼ぎ場所、娼家の経営者、それに客引、遊客の五つの要素をもつことは、さらにそれぞれの項で述べるが、吉原遊廓にも無論そうした組織が行われたわけで、吉原はまず官許の設立であり、元和五ヵ条によって幕府の取締方針の基礎が示されたのであったから、吉原遊廓があれほどの盛大さを来たしたことも、まったく右のような官許の下に公然と稼業を行うことが出来たためである。

しかしその実情は、徳川が江戸の創生期に当って、諸国からの人の集りを図り、首都的発展を望んだ反面、私娼の取締にはとうていこれを絶滅し得ないまでも、いかにすべきかが大きな悩みの種と考えられていたので、元和五ヵ条にも示した通り、吉原の遊女屋を官許する代りに、市中に私娼が発生した場合には、

吉原細見全図

礒部鎮雄版写

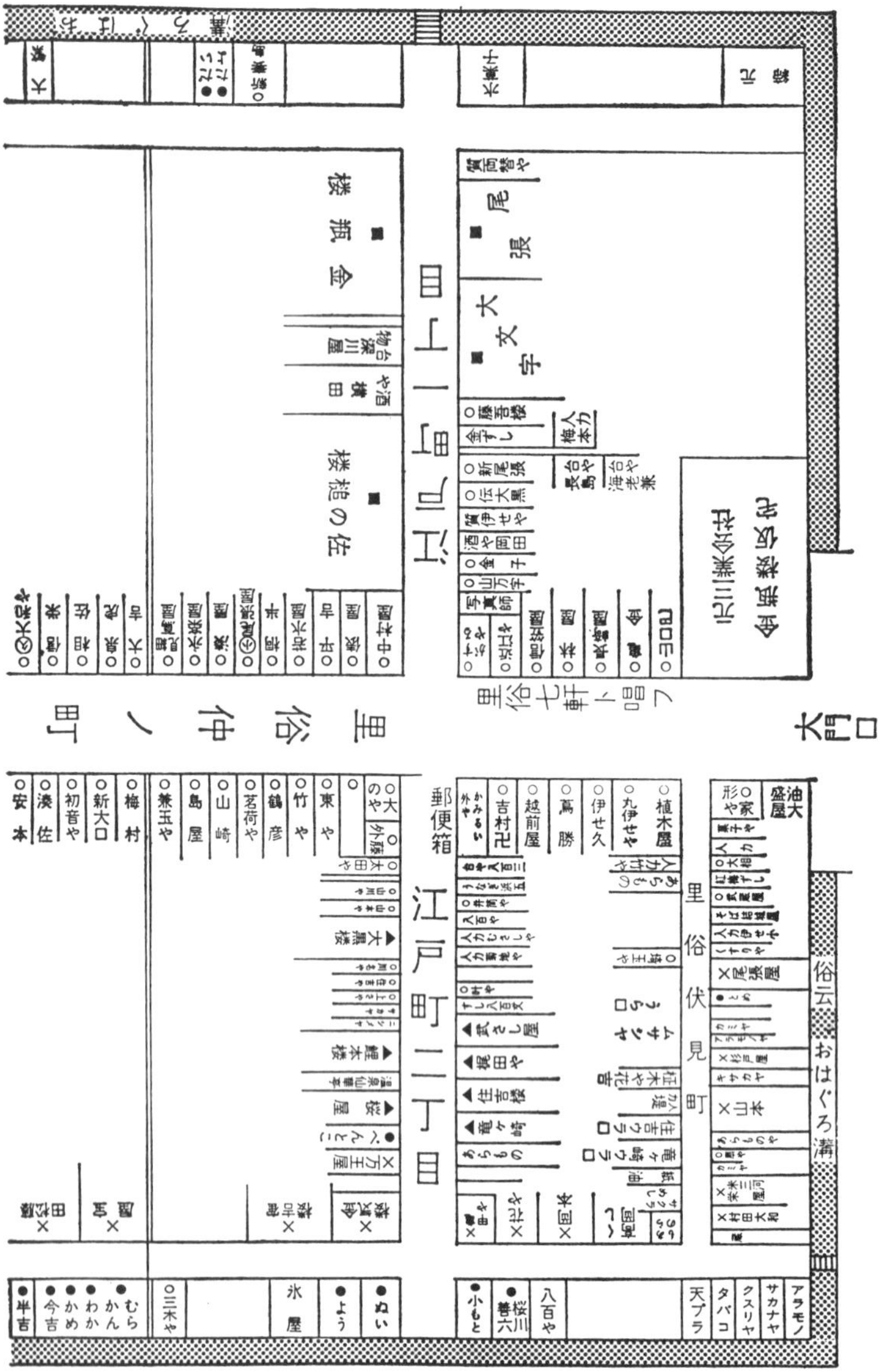

○印引手茶屋　■印　上等
●印三弦、芸妓、幇間　▲印中等　×印下等

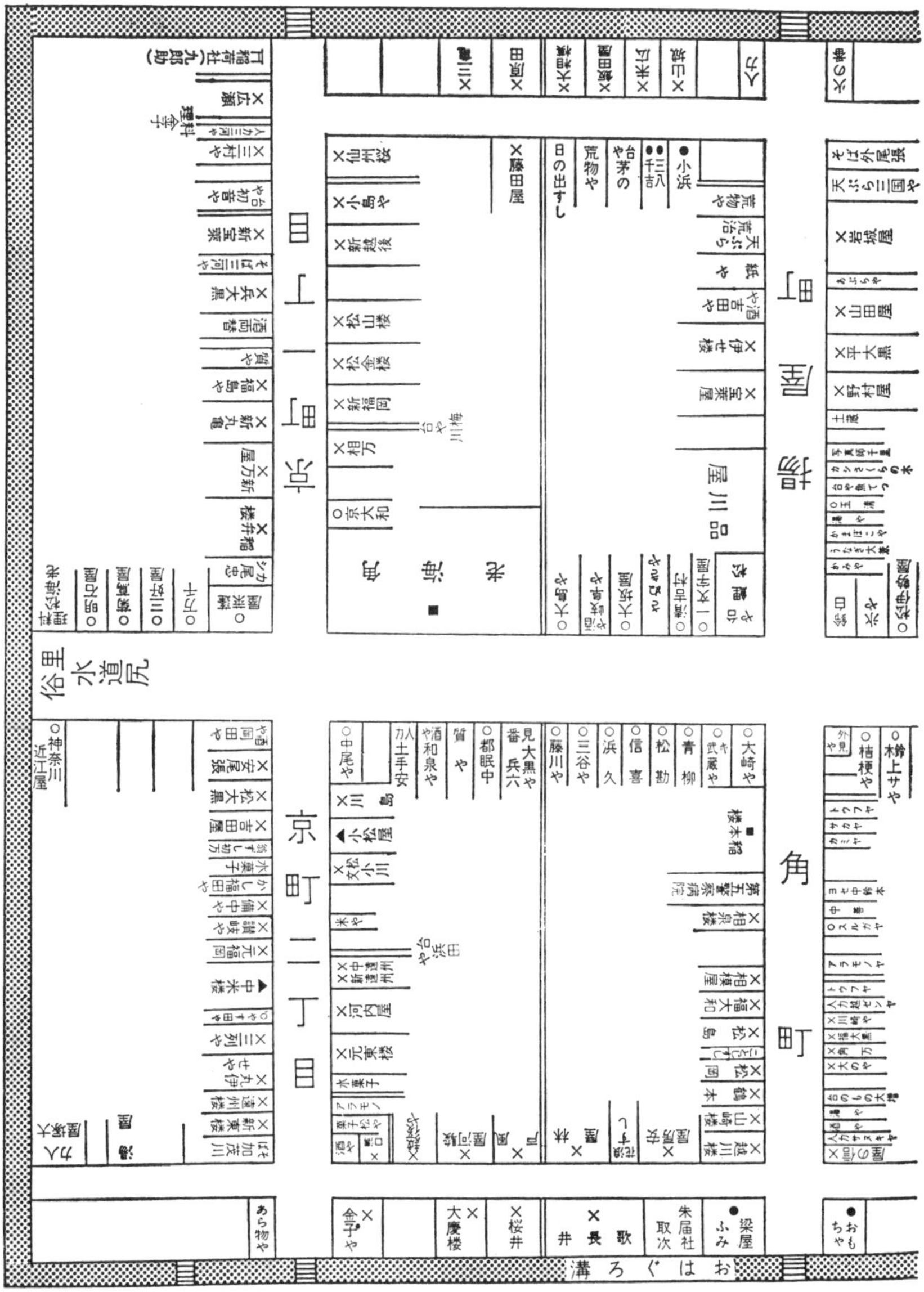
京町二丁目
角町
おはぐろ溝

官許の意義をなさぬから許さないといったようなことだったし、また庄司甚内の請願理由を採用して、実は徳川が最も警戒していた織田・豊臣残党の浪人取締をも彼らに命じたのだった。

これに対して吉原の業者たちはどうだったかというに、遊女屋渡世という自分らの稼業が、とにかく官許ということで一応今後とも安定が保証されたわけであるし、かつ自分ら以外の同業の私娼家は、幕府の権力と政策方針だということで禅圧出来るし、浪人の問題にしたところで、金のあるたけを使わせた上、不審な者として訴える分には、捕えられても自分らの方にはなんら痛痒は感じないことだったのである。要するに両者利害関係が、互いに妥協し協力し合う形において一致し、そこに吉原の繁栄が成立したことになる。

吉原の町制

さて吉原の町制は自治制とし、惣名主が統轄、各町には月行事があって、各楼主が交替でこれに当り事務を分掌した。

新吉原へ移ってからは、大門内に会所を設けてここで扱い、惣名主は後には四人の名主制に変り、さらに楼主以外の者を名主に選んで専任職とした。

町費は各町の月行事がその出納を掌り、遊女屋、茶屋、芸人その他廓内居住者各戸に賦課して徴収したが、かの奴女郎の入札金なども積立てて廓内の諸雑費に当てたという。

寛政の改革時に、老中松平定信は新吉原の名主肝煎六人に命じて、廓内諸般に関する規定を作らせ、厳重に監督させることにしたのであるが、この規定がいわゆる寛政七年の「吉原規定証文」だったのである。「奴女郎」のこと、「廓芸者と茶屋」のことなども規定された。

また、いわゆる廓の諸役といったことでは、江戸城の御畳替、御煤払などには毎年人夫を差出し、御年賀献上をも行った。遊女屋という弱い商売をしているだけに、それを許してもらった恩恵というよりも、むしろその筋の役人に憎まれないための配慮からだったのである。

例の遊里通言「お茶引き」の語原説となっている評定所御会日には、吉原から太夫三人ずつを差出して給仕役を勤めさせたことも、吉原開設当初からの慣例として行われていたものだった。

この評定所は国の重大事件、あるいは町奉行、寺社奉行、勘定奉行（これを三奉行という）の相互にまたがる事件の裁決をきめるところだった。元和のころには大老酒井楽頭の宅で公事訴訟を裁決していたのであるが、明暦三年の大火のときに酒井邸が焼けてからは、和田倉門外辰ノ口の伝奏屋敷の一部をこれに当て、さらに寛文六年八月になって隣接地に新築の評定所が出来た。前記評定所へ太夫を差出したのは、大老酒井邸時代のことであったが、この奉仕は寛永年間に廃止されたという。

とにかく、元吉原時代の廓の業者は、幕府当路者のためには大いに忠勤を励んだものである。しかし明暦三年の新吉原移転には、

一、只今迄二町四方の場所なれ共、此度新地にては五割増し二町に三町の場所被下置候事。
一、只今迄昼ばかり商売致候得共、遠方江被遣候代り昼夜の商売御免の事。
一、御町中に二百軒余有之候風呂屋共、悉く御潰被遊候事。
一、遠方に被遣候に付、山王神田両所の御祭礼並出火の節、跡火消等の町役御免の事。
一、御引料御金壱万五千両被下候事。（小間一間に付十五両ならし）。

とのことで、浅草千束村日本堤の地に移転することとなり、これより新吉原遊廓になったのだが、引越料に

は一万五百両とも、一万三千両との説もあり、あるいは一万五十両など書いている書もあるが、それはそれとしてこの時から江戸の大役のことも、火消役の人夫差出のことも免除されることになった。

大門と番所

土手とか土手八丁といわれた日本堤から衣紋坂、それから〝八丁と五丁の間が五十間〟と川柳にある五十間道を通ると大門口である。

五十間とは土手から大門口までの距離が五十間だったからこの名が出たので、そこに茶屋があった。この道は土手から大門口まで三曲りにまがっていて直線道路ではなかった。わざとそう作られたのである。

大門は「おおもん」と呼ぶのである。大正のころ市電に乗った客が、新橋辺で「おおもん」へ行くのはどっちかと尋ねた。そのきき方が偉そうに構えていったので、車掌もムッとしたらしい「おおもん？ おおもんならアッチだから反対の電車に乗らなくちゃ駄目だ」といって浅草行の方向を教えた。客はおそらく芝の大門《だいもん》へ行くつもりらしかったのである。

この大門が廓の入口で、昔時は黒塗の木の門で屋根があり、立派な金具で飾られ、左右は忍び返しをつけた黒塀を袖としていた。この門が鋳物の鉄の門になったのは、明治四年五月の豆腐屋火事で焼失し、そのまま元のような門は造られずにあったのが、明治十四年四月に鉄の門となって落成したのである。門柱の巾二尺二寸、総高一丈三尺という。これに瓦斯燈が点ぜられたのだった。

川柳に、〝おやこの里に裏門はありんせん〟とは、別義をもつ句であるけれども、江戸時代も吉原は一方口だった。

明治になってからは、十六年の春までは四方から自由に出入できたが、明治十六年二月一日からは大門の一方口と定められ、非常の場合とか、十一月の酉の市の日以外は、他の口は閉鎖されてしまった。

この大門口の外に「高札場」があり、明治二年に書き替えられたことは別項にも述べたが、その後間もなく撤去されてしまった。

門へ入った右側に「会所」があり、左方の門際には「番所」があった。

会所は廓内の事務一切を扱い、後年の三業取締事務所の基礎をなしたといわれるものである。惣名主の下に月行事があってこの事務に当ったのであるが、新吉原になって三浦四郎左衛門が惣名主になったとき、初めて事務所を大門内に設けて「会所」と名付けた。そして、三浦屋の雇人で四郎兵衛というのを定詰したので、俗に「四郎兵衛番所」と呼び、それが番所世襲の称となった。

月行事の選定は後に変化があったが、十二人が昼夜三交代、四人ずつで勤め、大門出入の切手の検査もしたのだった。

以前、女は昼夜とも切手がなければ大門の出入を許さなかった。そこで番所から五十間の茶屋へ一ヵ月一軒に三十枚の通行切手を渡しておき、女はその茶屋に頼んでこの証明切手を作ってもらったのである。よってこれが五十間茶屋の株となり、「切手茶屋」と呼ばれた。

当初は惣格子で見通しが効くように出来ていて、ここには町奉行与力同心の手の者が詰めていて、廓内の警戒に当らせていたから、一名「面番所《つらばんじょ》」ともいわれていたという。

とにかく、この大門は廓ただ一つの出入口となっていたから、誰でもここを通らねば、廓への往来はできなかった。かの新造、禿が性悪の客を捕らえるために待伏せするのも、このあたりだった。

大阪新町の大門番所では、門番一家の副業として、ここで遊客に編笠を貸したので「編笠屋」とも称していたという。

吉原の慣行と掟

吉原の組織や定められた諸制度以外に、廓の経営とか各娼家の業務運営上の掟、はては役向きの分担、統制などのこととか、慣行々事などまで、不文律のきまりもあった。廓の生活として、その風俗面であまり知られていないものもあるし、なかなか面白い風俗もあった。

その多くは昔から伝えられて来たものであるが、時代の変化につれてなくなったこともある。しかしそれらのことによって、遊びの意味の変遷もわかるし、廓の年代的な変化も知れるのである。

廓の公式な掟は大門前の高札に掲げられている事項だが、その例文としては、前にも記したような明治に継承されたときの高札文句がある。元吉原大門口に建てられたものはその後新吉原に移されたといい、元禄七年十一月、川口摂津守、能勢出雲守奉行役のときに定められた高札があり、正徳元年七月に建て替えられてから維新まであった。

そして明治二年には東京府の高札が建てられたわけだったが、これは間もなく撤去されて、そのままついに廃絶してしまったのである。

妓楼自身に定めた掟としては、

一、遊客ある娼妓に強いて助見世をさせぬ事。

一、娼妓より物品買入れを託された時、中間で利益を貪らぬ事。
一、居残りの客を深切に待遇する事。
一、男女雇人をして遊客に金銭を強請させぬ事。

というのがある。明治期のものだが、ここでいっていることは、ほとんどの娼家が行っている悪習であって、当然改むべきことを掲げたまでである。だからむしろこれらは外部の人々への申訳的な掟であると看做されるし、それほど狡智にたけたやり方とさえ思われるのである。そして実際はすべて雇人任せで行われていたのだから、この掟も有名無実、楼主は知りながらも黙認しているのが事実だった。

それから娼家内でのもう一つの不文律の掟は、妓夫などの男衆が、同じ娼家の娼妓とか新造、ヤリテなどと私通することは厳禁で、もしそうした場合があると、「突通し」と称して妓夫は解雇される。そしてこの処分を受けた者は、もはや廓内では妓夫の業が停止され、どこでも雇ってもらえない。さらに場合によっては地方の他府県でも再び妓夫にはなれなかった。

川柳には、〝ぬけがらの跡へ引込むほまち者〟との句があり、通言では「朝込み」ともいわれ、朝帰りの客を送り出した跡の妓の床へ入り込むの意である。このような関係になると、やがては両人がしめし合せて逃亡したり、時には情死する者もあったりするので、娼家ではきつい法度になっていた。

大正のころ、大阪の廓に娼妓同士の同性愛者、つまり「ト一ハ一」が出現したことがあり、一人は女房格、もう一人は亭主格で互いに親愛し、そのため普通の稼業勤めに嫉妬したり、ことに男役の方の妓は腕まくり尻端折といった態度で平然と家の中を闊歩する有様。楼主も手がつけられないといった状況が起った。これなどは特殊なもので、掟だの法度だのいうわけではないが、何とも始末が悪いとのことだった。

遊女屋の掟書

次にまた嘉永ころの話になるが、江戸町二丁目の佐野槌屋にあったという「遊女屋の掟書」のことが『花街風俗志』に収められている。

これは遊女屋の商売上の心得といったものを忌憚なく書き記したもので、普通の掟書ではなく、おそらくは誰かの書き綴った戯作であろうと、『花街風俗志』（大久保葩雪著・明治三十九年〈一九〇六〉刊）の著者もいっているが、しかし遊里の一面を知る上には面白いと思われるので、次にその全文を引用させていただく。

一、遊女勤の儀は、第一詐りを専らとし、仮りにも誠の心持つ間敷事。

一、召抱之砌、人主に代金相渡す上は、年明けの日まで此方より一銭の合力も無之間、左様相心得、随分出精致、主人方へ金高過分に取入に相成様之心掛肝要たるべき事。

一、衣類、夜具つむりの物、外に諸道具、不残自分にて拵方致に付ては、万事客人にねだり掛、傍輩にまけぬ様気を張り、借金の出来候儀は毛頭厭い申間敷事。

一、定通り仕着は地合悪しく下直の品を遣す間、成たけ自力を以て宜敷衣類を拵可申、仕着は安物故、着用致事恥と心得、早速曲けのけ候儀可為勝手事。

一、座敷部屋共に板敷にて相渡候間、内造作、建具張付等自力を以て随分華美に拵え可申、尤座敷部屋代金、無滞急度可上納致事。

一、総而、客人を大切に致体にもてなし、おもいいれ掻のめし、馴染に相成様に出精致、年中物前紋日入用、夜具衣類等ねだり取候共、あたじけなき仕打の顕れ不申様、伴頭としめし合せ、客を逃し不申様成たけ絞取り可申、心弱く人情をわきまえ、もろき儀堅く致間敷、乍去空泣きは上手に可致事。

一、美男、大通、心意気の面白きお客たり共惚ることは停止致置候間、此儀は屹度相慎み可申事。

一、不男、髭むちゃ、極老人または瘡かきのお客たり共、金沢山の方は殊更ほれた体に見せかけ、口中臭く共、鼻に袖を掩い眉に微よせる事堅く可為無用事。

一、傾城に誠なきものと、百も承知の大通は傾城より誠なきものにて、女郎屋に油蠟をねぶらせ、寒中に女郎を寒がらせる工夫を致族もまま有之、左様之客人は主人の為は勿論、共身ものちのちには心中などのおとし穴に陥るもの故、早く見切、闇雲に突出し可申、左様之人物にも無之、実体なるよいお客にても、勘当など致され金気の抜たる客は、是亦愛憎をつかして突出し、仮令宿なしになり候とも決而構い申間敷事。

一、朝夕の食事はろくな物は為給不申間、控目に致、客の物をたんとたべ候様心掛、中にも酒は銚子の支える程座敷をもまし、客人自然と酔倒れとなり、居続けの種と相成候得ば、主人方の徳分に候間、いくらも呑可申、客人帰りて後、客益の酒呑候儀は可為停止事。

一、傾城に誠なしという中に、おらが買女郎は仕合せと真実なりなどと、うぬぼれ客は、誠に女郎のよき食い物に候間、折角掠め取可申事。

一、病気にても大病になるまで、押て勤を引申間敷、病中之取扱食事等、粗末に候共小言申間敷、万一大病に至り必死の症とも見極候上は、年季何年残り候共証文呉れて遣し可申事。

一、年明之日まで出精無滞勤め候には、借金の買掛り等一向構い不申間、兼而其心得可有之、尤内証より貸置候金子は、未練なしに取上可申事。

右之条々堅相守可申、鳥は四角なる玉子を産不申、晦日に月の出不申ものと心掛可申、右体之不人情成儀申渡候事、我等とても本意には無之候得共、人情をわきまえ候ては此商売成不申、尤此里に身を売る者は、親兄弟の病気、人参代又は年貢之未進等につまり候貧乏を、救いの為被立置候御免の場所柄にて有之候間、右ケ条を相守不人情に可致、彼様に申渡候て不実に致候ても、身を果す息子は世上に沢山にて、白髪頭の親父さえ、のろけ勝なるものを、此上誠を尽し候はば満足に暮す人は有之間敷、然れば成たけ嘘をつくが天下の為め、親方の為め、世上の若者のためと、其身のためと心得、おろそかに存申間敷、掟仍而如件。

月　日

吉原仲間

行　事

といったものである。俗に「忘八」と称せられる強慾非情の楼主などには、随分と妓を酷使したものもあり、情にかられて客の身を思い、とかく稼ぎの少ない妓は憎み、残忍な折檻をすることは昔の読み物にも見えている。ヤリテ婆は妓の監督役であり、遊客との間を斡旋する者なのだが、性格の合わぬ妓に対しては何事につけても意地悪く扱い、それが廓の掟のようにいうものもあった。

「お職女郎」の制度なども、稼ぎの奨励とはいえ、結局は娼家の利潤追求の策に外ならない。各妓の毎月の稼ぎ高を表に現わして掲示し、その最高位の妓をお職女郎として持てはやすのであるが、そうして仲間の妓の意地や張り合う心理を利用するわけで、特別に賞を与えるわけではなかった。実質的には娼家から妓への配給用紙などは、客数に応じてそれぞれ手渡すのであるから、客の少ない妓は自然と自分用の雑用紙にも不便して、自弁で買わねばならなかったのである。

とにかく娼婦は客がつかず稼ぎのないことがもっとも苦労だったのであり、帳場の受けも悪いし、なにかにつけて肩身の狭い思いをしなければならなかった。

その他「張見世」にも妓の席順があり、見世「すががき」の慣習、遊客への「文」を送ることも稼業の手段としてむしろ勧奨されていたことだから、遊客の枕頭で客には構わず悠々と文を書いていても、咎められなかったし、もしも客からその不実を訴えるようなことがあっても、かえって野暮というものだとて客のい い分を退ける有様だった。

それから馴染客の「妓替」のこと、「桶伏せ」や「髪切り」の私刑の慣行、「付馬」や「仕末屋」の掟、はては妓の「咒法」「まじない」のこと、「客引の作法」「大門番所」の取締など、廓内には多くの慣例や掟があったのはいつまで、ということなしに永く続いていたのである。

あるいは各娼家に祀られた「縁起棚」のことや、吉原の茶屋における正月の〆縄の変った用い方なども、一般には知られていないのが多い。さらに妓の「手練手管」、「床の秘法」などのこともあり、それらは別項の関係事項のところで述べることにする。

縁起棚

縁起棚は遊里花街特有の風俗といってよいもので、これに向って朝夕商売の繁昌を祈念したのであるし、その他にも関連の風俗が行われた。

『古語辞典』にはこれについて、

蔵人、商家、劇場、芸者屋、遊女屋など客商売の家で、客の来ることを祈るために作った神仏混淆の神棚。

とあり、各種のまじないや縁起詞と共に大きな信仰の対象となっていた。そしてこれは普通の神棚とは別で、『守貞謾稿』の記には、

関東の遊女町、官許非官許とも妓院は主人の居間辺、引手茶屋船宿等は専ら見世の間に設之、常の神棚の外に又一ケの神棚なり、常の神棚は鴨居につり、是は鴨居下六尺の所上半用之、下半多くは袋戸棚とす。

といっている。そしてここには赤や金箔の張子の男根一コ、金箔張紙の小判百両包のもの二、三十も積んだものである。これらの張子は浅草の歳の市で売ったので、他の正月用品と一緒に男のものの張子を桶かなにかに入れて、仲見世の人ごみの中を担いで歩く姿も見られたとの話である。これを画いた錦絵二種をさる蒐集家の庵で見たことがある。

明治五年には、この種の風俗が各花街遊里に盛んになったというので、断固取締ることとなって警吏が各所を一斉に襲って、縁起棚の張子の陽物を没収したことがあった。しかし没収して見ると大小さまざまなこの具の数はおびただしいもので、さて後の処分に困った。いっそ川へ流してしまえというわけで大川へ投げ込んだところ、これらはみな張子で出来ていて、赤金銀の上塗を施し、立てて飾るように下部にはそれぞれ鉛などのおもりが付いていたから、折からの夕陽に映えて異形の頭を上に、波のまにまに浮きつ沈みつ群がり流れ行く壮観さに、たちまち川岸には見物人が集まり、大変な騒ぎだったとの一話は『江戸文化』誌（昭和

女の掟　　上図は浮世遊客の髷切り私刑
　　　　　下図は桶伏せの私刑

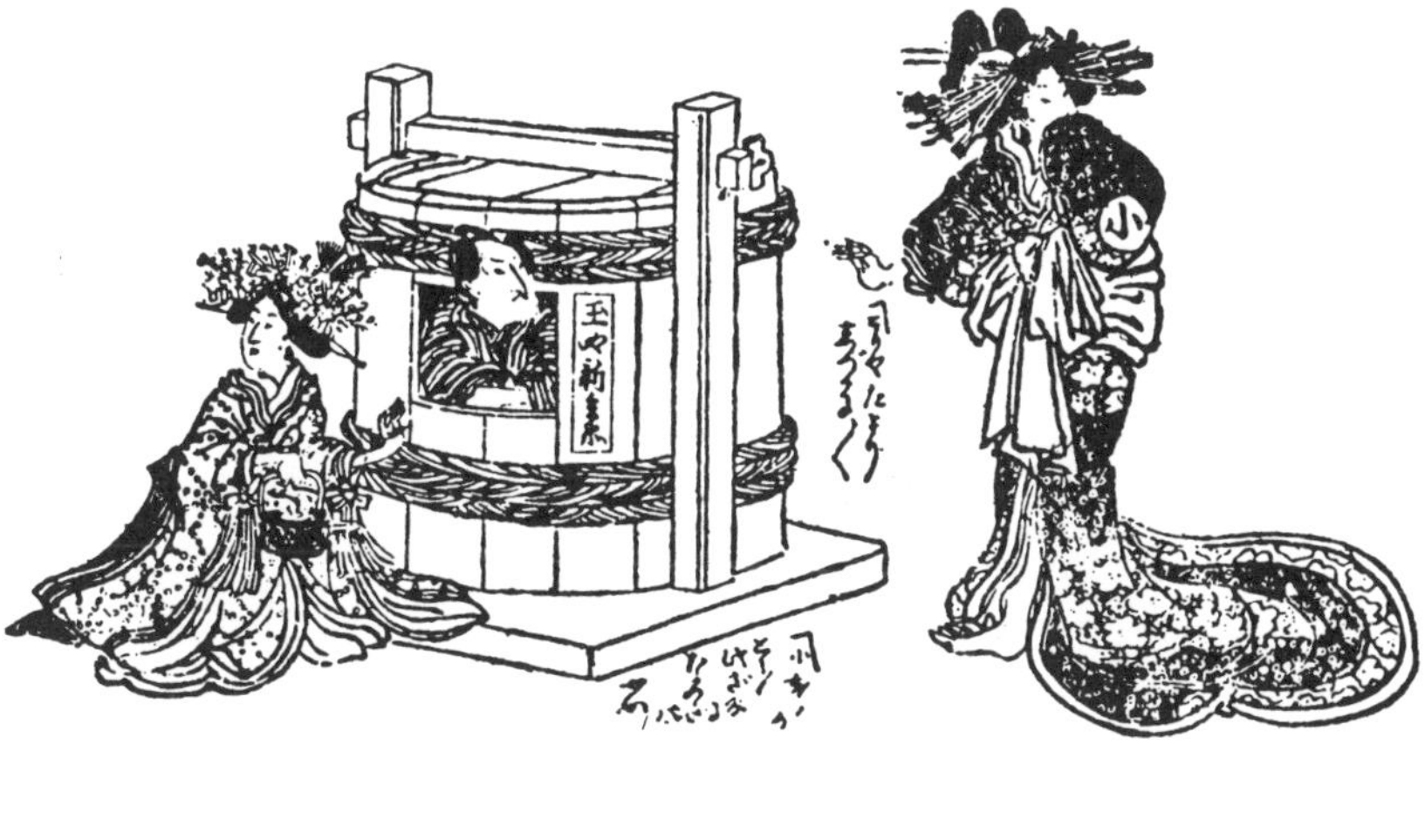

三年十月号）にも載った。

髪切り

吉原の遊客に対して行われた私刑の一つで、天明以前にあった「桶伏」と、この「髪切り」は私刑の代表的なものだった。

前からの馴染の妓がありながら、無断で他の妓を買うことは許されないこの里の掟があった。たとえ遊女の身であっても、この里へ来て一度馴染んだ遊客が、他の遊女の相手になることは当時の遊女にとっては大きな侮辱と考えられていたのであり、また女としての嫉妬もあったに違いない。それに稼業上の競争心理もあり、娼家としても、この勝手が許されるとなると、妓同士の間で遊客の奪い合いも起り、統制がつかなくなるからでもあったろう。

もしも、そうした客の不義理が知れると、最初の馴染妓はその客を捕えて来て、多勢の仲間の妓と共にそのことを詰り、はては客を裸にして女の着物を着せて皆して笑いはやしたり、その揚句には客の髻を切ったりしたのであった。

享和四年（一八〇四）刊の『吉原青楼年中行事』には、

客馴染みし家に至らず、他の娼家に行きてなじみ遊ぶを制する事、この廓のならわしにて最初馴染みし女郎の方より、その女郎へ付断りの文をつかわし、もし其の客来る時は告げ知らすべき事を頼みやるなり。文言に菓子肴などを添えておくる。されど彼方に意味ありて知らせざるときは、新造に指揮して大門に待伏させ、客の帰路を待受けて捕え来る。その騒動いわんかたなく、小妓駒下駄の鼻緒を切って溝に踏込み、客用水桶を小楯となして手桶の水を頭よりかぶり、誰そや行燈をひっくりかえし、井戸端にすべりこけて軒下の犬を驚ろかし云々。

とあり、新造、禿などの妓を大門口に待伏せさせて客を捕え連れて来させたのだった。寛政に制定された「新吉原町定書」には、

馴染客が他の遊女屋へ登楼したことが知れた場合に、無理にその客を連れ来って長留し、大勢の新造その他の遊女をつけて置き、多額な散財をさせた上に、夜具や衣類の新調を課したり、客の髪を切るようなことは許さない。馴染の客が遊女に対して不義理なことをしたときには、茶屋へ掛け合って解決をうけたらよかろう。

というようなことが記されているから、髪切りの私刑は廓の不文律で、寛政ごろまでは行われていたと見るべきである。もしも馴染みの妓の他に遊ぶ手続としては、その旨を客から告げて先の妓の承諾を受け、金を与えてその妓から「妓替」の披露目をしなければならなかったのである。

奴床

さて、髷を切られた男は、そのままでは体裁が悪くて往来も出来なかったが、今さらどうにもならない。仕方なく手拭で頬冠りなどして人目を避けながら、ともかくも廓を出る。日本堤から馬道へ出る手前の田町に「奴床」という髪結床があり、仲間奴が頭を突込んで尻だけ出している絵の暖簾が掛かっていたという有名な店で、ここでは入髪（付髷）をしてくれたから、散切頭にされた男はこの店に立寄って、応急の処置を頼み、なんとか髷をつくろってもらって帰ったのである。

明治の遊廓

その後の吉原及び各遊里については、順次項を分けて述べるつもりだが、次に年代的推移の概要を知っておくために、今少しく主な状況を記して見る。

明治四年（一八七一）五月には吉原の大火で廓の大部分が焼失した。

明治五年十月には突如「芸娼妓解放令」が出て、廓は大混乱を来し、まったく営業休止の状態となった。

明治六年、「貸座敷業」として再開。

明治八年二月、新吉原角町にて「遊廓博覧会」が催され、漸次活況を挽回するかに見えたが、その年十二月十二日、江戸町の佐野槌から出火。廓内のほとんどが類焼し、十二月十六日、富岡八幡宮門前にて「仮宅」営業二百五十日を限り許可された。

明治九年、妓楼が貸座敷となった当然の帰結として、廓の業者は娼妓、貸座敷、引手茶屋の三者が主体となり、この年「引手茶屋」の存在が新しく目立って来た。

明治十年四月には稲本楼が洋風の室内装飾をして、娼妓には洋服を着せ、大いに文明開化の粧いを見せた。

これも当時新しい外国かぶれの思想流行の現われだったろうが、一面には明治の吉原がどうしたら昔の隆盛を再び取り戻せるかとの必死の努力だったのである。

吉原三景容のほかに、新たに花菖蒲を植えて賑わいを増そうとしたのは明治二十一年のことだったが、このとき初めて楼内に電灯が点ぜられた。だから明治十年以後、このころまでがいわゆる明治の廓ということになるだろう。

私娼遊里

次に私娼の動きでは、明治十年には浅草六区の「矢場女」が全盛となり、廓外の私娼が追々に活躍し始めたし、芸妓の売色もようやく目立ち、明治十二年にはしばしば検挙されている。

書物もこの時代にはまだあまり刊行されず、明治九年に出た『柳橋新誌』、『東京新繁昌記』が発禁となり、明治十三年には『花柳事情』三冊刊、明治十五年に『東都仙洞綺話』、『銀座小誌』などが出た。明治十六年には『東京妓情』三冊が出ているが、このころの遊里書は吉原案内や遊び方などを記したものが多い。「細見」類は明治になってからもしばしば出ているが、芸者遊びの書が廓遊びの書と相半ばするほど出ているのも、明治の遊里傾向をよく物語っているようである。文章はいずれも漢文調の文章体か、さもなければそうした中に戯句を交えたものばかりである。

明治十七年四月刊、大阪府平民渡辺義方編、発兌元が東京の絵入自由出版社と奥付にある『通人必携』(角書に〝歌舞伎音曲芸娼妓事情〟とある)は、書目録にもほとんど見かけられない書だが、「花街の部」には、太夫格子並に遊女女郎傾城の事、散茶女郎の事、俄祭の事、娼家の法則、娼妓買の秘訣などがある。また「芸妓の部」には、遊女と芸者の区別、挟み詞、芸妓唄物の事などがよく説明されている。

明治八年四月、東京府達第八号で当時検挙した「隠売女」の処分方を定め、条文を通達しているが、これには「預け娼妓」として昔の「奴女郎」制度を採用しているのである。

「廃娼運動」は明治十五年ころから起り、以来引き続き叫ばれてきたが、明治二十六年十二月、群馬県が廓廃止を断行したのが最初であった。

明治三十一年、吉原は不況が続き、この年、吉原、品川などに廓の情死事件が続出した。

明治三十三年（一九〇〇）十月、内務省令で「娼妓取締規則」が出たが、これによって貸座敷営業は全国的に統一されることとなったのである。

明治三十六年十一月、遊興料を等級別で画一制とした「切符見世」は、この年揚屋町の品川楼で始めたのが最初だった。翌三十七年二月には、吉原遊廓ではいずれも遊興料に等級制の定めとした。

その後、明治年間には芸妓の住居制限問題から、やがて「やとな」の出現を見るに至ったし、東京の「魔窟」に軒燈が禁止されるなどの問題が起っている。

そうしていよいよ大正の時代に移るわけだが、要するに大衆的遊里となった吉原は、明治時代に入って漸次不況不振を続け、大衆から離れていったのだが、それも時代の変化で、遊びが変ってきたともいえるのである。

新島原遊廓

明治初期の特異な廓の存在として、東京築地の「新島原遊廓」があった。

そのころ横浜港崎町で評判になっていた外人専門の遊廓を真似たわけでもあるまいが、日本人遊客よりは割がよかろうとの狙いをつけて、新吉原の家田孫兵衛らが、鉄砲洲の外国人居留地近く、八丁堀脇に新遊廓設置を願い出たのがそれで、慶応四年三月のことだった。

そして冥加金五万両ということで、それを三回に分けてその年のうちに完納し、許可が下りたのは翌明治二年八月である。このような遊廓新設がどんな意義をもつか、また、はたして必要なことだったかどうか、新政府が検討しての結果なのかどうか知らないが、とにかく新政権樹立で国家財政に苦心していた折であろうから、そのための許可だったかも知れない。九月には早速、京都の島原遊廓の向うを張って、新島原遊廓と命名して開業した。

このことについて、田村栄太郎著『江戸東京風俗地理』第二巻に次のように載っている。

吉原と同じに、四方に濠をめぐらして女郎の逃走を防ぎ、廓内を松ヶ枝町、呉竹町、梅ヶ枝町、桜木町、八重咲町、初音町、千歳町、青物町などと命名した。

この新島原遊廓に参加したのは、千住宿が十三軒で最も多く、内藤新宿が五軒、粕壁宿が四軒、品川宿から新規開業三軒、板橋宿が三軒、幸手宿、鹿沼宿、横浜各一軒、深川類焼者十一軒、東京住居、吉原から引移り者などである。そして遊女屋六十五軒、局遊女屋五十三軒、茶屋五十九軒、芸者屋十二軒で成立したのであるが、揚代金は三分、二分、一分、二朱、一朱である。

かねては尊王攘夷論者だった大臣高官らは、さて政権を握ったとなると、君子豹変して尊王開国となり、外国人のための遊廓を作らせた。しかもそれで自分らの利益になればいいと、ここを社交場として夜毎に押しかけ、飲めや唄えの大騒ぎを演じたから、この廓も大いに繁昌した。しかし下級武士どもにはなんの利益も便宜もあるわけではなかったから、依然として攘夷論で、外人を見ればやたらに抜打にしたりしたので、この廓が出来ても外人は恐れをなして容易に大門へ足を踏み入れようとはしなかった。

そこで大門口は厳重に役人が出張して、入口には突棒、刺叉、袖がらみなどを並べ、帯刀者の大小はここで預り、羽織を着た者は脱がせて凶器所持の有無を調べたり、警戒を厳しくした。そうして外人保護に当ったのだけれども、こうした遊里には外人も一般日本人も寄り付きたがらなかったのは無理もない。だから業者側ではだいぶ当てがはずれたわけだった。

その上、開業三年目の明治四年七月十七日、突如「新島原娼家七月限り引払いを命ず」との達しがあった。廃止の理由は風俗紊乱という太政官令だったのである。「それでは約束が違う。むちゃくちゃでございますがな」とはいわなかったかも知れないが、では上納金のお下渡しをと願ったけれども、これもついにとられっ放しになってしまったのである。

尊王攘夷党であったはずの明治政府が、旧幕府政策と同様な外人のための遊廓設置をしたのもおかしな話だし、新島原遊廓の場合は、いかめしい大門口の警備が外人警固のためだったにせよ、遊廓らしくない行き過ぎ行為だった。それと、外人は遊女が嫌いというわけではないが、もっと自由な洋妾を好んだという点で、遊女屋の亭主どもは認識不足だったのである。

そのことは、明治政府の高官連も、遊女屋へ遊びに来なかったわけではないけれども、それよりも自由な芸者遊びを好んだことと同じで、その後の遊里の変遷を見てもうかがえることである。

新島原遊廓のことでは、昭和六年刊、高橋桂二著の『現代女市場』中にも、新島原遊廓の開市として、当時の状況がやや詳しく記述されているが、このころわが国では、〝漢学と英語の出来ない者は一人前ではない〟といわれたくらいに、ことに外務関係の若い翻訳官の間では盛んに新しい訳語が用いられていた。そこで新島原遊廓に関する文書の中にも、「開市場」の文字が使われている。遊廓はまさに人肉市場であり、その新規開設の意味をいおうとしているのであろうが、開は中国語でも女性関係の用語に使われ、わが国では昔から女陰名の文字となっている。だから開市場はあたかも遊里隠語における「合貝屋」または「蛤屋」

新島原遊廓
明治元年 11 月東京築地に開かれ、居留地の外人めあてに千人近い娼妓が脂粉をこらした。のち各方面からの反対にあい、わずか 3 年にして明治 4 年 7 月、全部取り払われてしまった。(そのあとを新富町と改称した)

（娼家）に相当する俗称となるのは滑稽だった。

そしてこの書にはなお、明治初期の公設市場のほか、遊廓の二大事件（解放令と検黴）、私設市場物語（初期の待合、料理屋、茶屋、宿屋の内幕）、市場をめぐる女性哀史（不見転、吉原市場、意気と張と情）などのことが掲げられているのだが、これらの事項を見ただけでも、明治に入っての遊里の変化が感じられる。

芸娼妓解放令

明治三年九月の暴風雨で中万字屋は倒壊し、遊女八人の負傷者を出し、明治四年五月には吉原大火で遊女屋の大半が焼失した。だが翌五年（一八七二）六月にはさらに意外な事件が突発した。

南米ペルーの汽船マリヤ・ルス号というのが、ひそかに中国から奴隷二百三十一名を買い込んで帰国の途中、たまたま暴風雨に出遭って船体を破損し、その修理のために横浜港に入港したが、そのとき奴隷の一人が脱船して、折柄停泊中の英国軍艦に泳ぎつき救いを求めた。艦長が事情を聞いて横浜港内での出来事なので、この処理を日本政府に依頼して来た。そこで外務卿副島種臣は江藤新平司法卿と協議の上で、この裁決方を神奈川県権令大江卓に命じた。その結果大江卓は「奴隷売買は国際法に禁じられている」ところだとして奴隷送還の判決を下した。

しかしこの問題は、ついに日本とペルー国との国際問題にまで発展し、解決が永引き、露国皇帝の仲裁まで仰ぎ、明治八年に至ってようやく日本の主張が通り落着したのであるが、その国際裁判の折に、ペルーの弁護士は、もし苦力を奴隷としてその解放を認めるなら、この判決を下した日本の遊女は、それ以上に悲惨な境遇をもった人身売買による奴隷である。この矛盾をあえてしている日本の裁判には服し難い、といった。

この弁論に大江卓は大いに日本の責任を感じ、その結果、日本の芸娼妓の解放を政府に建白したのである。

明治五年十月、太政官布達で発令された「人身売買禁止」「芸娼奴解放令」はこのためだった。

布　告

一、人身を売買致し又は年期を限り、其主人の存意に任せ虐使致し候は、人倫に背き有まじき事に付古来禁制の処、年期奉公等種々の名目を以て奉公住為致、其実売買同様の所業に至り以ての外に付、自今可為厳禁事。

一、農工商の諸業習熟の為、弟子奉公為致候儀は務手に候共、年期七年を過ぐべからざる事。

一、平素の奉公人は一ヵ年宛たるべし。尤も奉公取続者は証文可相改事。

一、娼妓芸妓等年期奉公人一切解放可致。右に付ての貸借訴訟すべて不取上候事。

右之通被定候条屹度可相守事

明治五年壬申十月二日

というものであって、普通の徒弟奉公、下女下男奉公などは差し支えないが、芸娼妓はすべて解放せよというのだった。しかも現在の貸借金についての係争は一切受け付けないとある。

驚いたのは業者だった。大損害なばかりでなく、今後商売が出来なくなった。だからその周章狼狽さに反して、娼婦たちのよろこび方は大変なものだった。とにかく解放されて親元へ引渡されるというので、幾百幾千もの娼婦らは、手廻り品を包みとし、あるいは身のまわりの諸道具を大八車に載せたり、人力車に一緒に乗ったりして、群をなして廓の大門を出る情景はさながら出火の際の混雑のようだったと、当時の新聞は報じているし、錦絵にも描かれて残っている。

ついでこの「切り解き」の布告の説明を兼ね、さらに諸心得を記した司法省令（第二二号）が同十月九日付で通達された。

本月二日大政官第二九五号を以て仰せ出され候次第につき、左の件々相心得べき事。

第一条　人身売買するのは古来禁制の処、年季奉公等種々の名目を以て、其実売買同様の所業に至るにつき、娼妓芸妓等雇入の資本金は賍金と看做す、故に右より苦情を唱えるものは取糺の上、その金の全額を取りあぐべき事。

第二条　同上の娼妓芸妓は、人身の権利を失うものにしては馬に異らず、人よりは馬に物の返済を求むる理なし、故に従来同上の娼妓芸妓へ貸すところの金銭並に売掛滞金等は一切とるべからず。但し本月二日以来の分はこの限りにあらず。

第三条　人の子女を金銭上より養女の名目になし、娼妓芸妓の所為をなさしむる者は、その実際上人身売買に付、従前より厳重の処置に及ぶべき事。

すこぶる名文のつもりで書かれたのかも知れないが、とんだ詭弁として有名になった文句である。

一方解放された妓ははたしてそれからどうなったか、それについて同年十二月十五日号の『浮世』所載の記事として伝えられているのは、

……物哀れなるは娼妓達にて、当座のよろこびもつかの間、まこと家に帰り又は正業につきたる妓は数

少く、家なき者、家に帰らばいよいよ家族一同苦しくなる者、その日の食なき者、そのため一家六人の入水、刃傷沙汰、行方不明、辻淫売、異人のめかけ等になる者続出し、また元の妓楼に戻りて下女奉公にてもと哀願する者まで出ずる有様にて、云々。

であり、人権尊重のための人身売買禁止が、ここでは芸娼妓は人権を失った牛馬だから、その者から貸金の返却を受ける理由はあるまいといい、そのまま自由に解放してしまったけれども、こうした政治的処置の裏付はなにもなかったのだから、せっかく解放された女たちも、事実は日ならずしてほとんど困窮におち入ってしまったのであった。

これによっても娼婦らの多くが、家の貧困のためにこの社会に入って来たのがわかるし、彼女らの働く社会がいかに狭いことかが考えられるのである。

解放令その後

明治五年の「芸娼妓解放令」は、しかし結局廓を解散させるところまではいかなかった。たとえその命令に異議を申立てる者がなかったにせよ、遊里の存在はそう簡単には片付くものではなかった。それに、もともとこの処置は人身売買の実態を国が認めていたということを、あわてて取消そうとしたためだったから、娼婦も業者も一時混乱におち入っただけだったのである。

そのため、その年の中に、政府は自由業の名目で再び公娼を認めることになった。そして新しく規則を制定して「貸座敷業」という新形式を考え出したのである。このことはたしかに明治の遊里史上に特筆さるべきことだったのであるし、現代の公娼廃止に関連しても考えさせられるものがある。

吉原売女解放退散雑踏の図

しかしこの解放令について、明治六年十二月の東京府達「貸座敷渡世規則」によって、吉原の様相はたしかに一変した。せっかく明治の新政府によって江戸時代からの吉原が明治にも継承されたと思ったら、この騒ぎと変り方だった。しかしここに初めて貸座敷業としての規則が出来、新時代への移行が始まったのだから、これ以後がいわゆる明治の廓ということになるだろう。

その後、吉原にも外国文化の流行の波は押しよせて、洋風化の傾向が現われたが、それは後の話として、それよりも直接の影響は、貸座敷の運営と身代金などの取り扱い方だった。

貸座敷のことについては少しく説明を要するのでさらに別項にて述べたいと思うが、貸座敷ということになって、品川、新宿、板橋、千住の四宿遊里もそれまでの飯盛はたご屋ではなく、公式に貸座敷業となり、もはや遊廓は吉原一ヵ所ではなくなったのである。

板橋は明治九年九月の私娼取締で禁止となったともあり、根津遊廓は九年二月の律令改正で取締を警視庁所管に移されたとき加えられたという。

明治六年六月、検黴会所を設けて毎月三回検黴することになったときにも、吉原、根津、品川、新宿、千住、板橋の六ヵ所となっているし、明治九年、警視庁から私娼取締の方針を通達したものにも、吉原、根津、品川、新宿、千住の五ヵ所に遊廓を限り、「板橋其他一切禁止」とある。

また明治八年四月の東京府達第八号で、隠売女を「預け娼妓」としたときにも、「吉原、根津其他四宿の貸座敷渡世者に預ける」とある。

四宿遊里が吉原と同等に扱われるようになったのである。

とにかく、ようやく吉原は再開されたが、当時の政府高官などで吉原に遊ぶ者はありはしたけれども、むしろ芸妓花街が繁昌して、吉原はたいした繁昌とはいえなかった。

京阪の遊里

京阪の遊里は概して昔からの伝統を残していて、だいぶ趣を異にしているものがある。

『日本遊里史』（上村行彰著）はむしろ京阪の遊里を主とした記述であるが、昭和三十九年（一九六四）刊、錦織剛男箸の『遊女と街娼』も京都を中心とした売春史との副題がある。雑誌『国文学』第九巻第二号（一九六四年一月増刊号）には、林美一氏の「上方の遊里と私娼、街娼」の記事がある。『全国花街めぐり』（松川二郎著）は、芸妓花街が主だが百余ヵ所を収録し、京阪の花街の有様も詳しく記され、花街用語解説の項もある。『全国遊廓案内』（一九三〇年）には各遊里毎に記載されているので、京阪遊里のこともわかるし、これにも「遊里語の栞」として、京阪の特殊事項について若干の用語解説が載っている。よってこれらの書について見れば詳しく、そうした事情がうなずけることと思う。

要するに遊びが異り、制度、組織なども違っているので、次に茶屋その他の呼称別に大略を記すが、その前に『全国遊廓案内』からそのころの様子を引用する。

島原遊廓　昔は毎月一回ずつ太夫道中が行われたものであるが、今は毎年一回四月二十一日にしか行われないことになった。花魁には三種あって、最高が太夫、次は伯人、最下は娼妓ということになっている。貸座敷は目下百四十八軒、花魁は四百三十四人いる。たいがいは蔭店を張っていて、太夫及び伯人は揚屋へ「送り込み」制で、娼妓だけは「居稼」制を採っている。太夫が揚屋へ送り込まれるときには、太夫の名を赤漆で書いた黒塗りの長持を男衆がかつぎ込む。中には夜具から枕箱、煙管、たばこ盆まで一切の調度が入れてあるのだ。

遊興は時間制で通し花制である。廻しはとらない。居稼の娼妓の費用は一時間遊びが一円五十銭からいろいろあるが、太夫を揚屋へ呼んで要領を得るには最低十円はかかる。一泊して翌朝「御座敷拝見」でもしようとするにはまず三十円はかかると思わねばならない。代表的揚屋は角屋松本楼、輪違屋などである云々。

祇園遊廓　現在芸娼妓置屋は百三十軒、揚屋は約百軒、芸妓は二百人、娼妓は三十人いる。芸娼妓ともに送り込み花制、居稼をやることはめったにない。遊興は全部時間制で廻しは絶対とらない。費用は一時間遊びが二円、二時間目からは一時間毎に一円ずつ加算し、一昼夜となれば十四円五十銭に割引される。ただし台の物は別である。

大阪南五花街遊廓　茶屋（貸席とも貸座敷ともいう）は四百九十九軒、娼妓は八百三十一人、芸妓は約二千人いる。客が貸席に登楼すると、貸席では「逢い状」を出して「扱席」を通じて相方を呼ぶ。娼妓は置屋

（家形）から貸席へ送り込まれて来る。つまり送り込み制である。逢状の文句は「小竹様ゆえ早や〳〵御越し、待入候、福長家、桃奴殿」というような粋なものである。

家形にも貸席にも写真は出ていない、蔭店も張っていない。遊興は通し花制、または切花制、廻しはとらない。居稼も一切やらない。費用は総体で最低が二円八十銭である。一流の貸席では紹介者がなければあげない。一流の家を「本茶屋」といい、二流以下の貸席を「一現茶屋」または「おやま屋」などといっていて、軒燈に一現と書いてあるのがそれだ。一現には少数の居稼ぎ娼妓の居る家もある。一現には芸妓は入らない。大阪の料理店にもいっさい芸妓は入らない。

新町遊廓　江戸時代の四大遊廓の一つ、貸座敷は百八十三軒、娼妓は五百五十人いる。娼妓の中にも甲と乙とにわかれている。甲は芸妓同様に茶屋（揚屋）に送り込まれて行く送り込み制、乙は写真店に抱えられている居稼である。全部時間制または通し花制で、廻しはない。一時間遊びが二円八十銭、台の物はつかない。宵からの一泊はまず十円というところである。

飛田遊廓　貸座敷は二百二十軒、娼妓は二千七百人いる。和洋折衷の貸座敷は全部写真店。蔭店は張っていない。揚屋も引手茶屋もなく、客は直接貸座激へ登楼する。娼妓は全部居稼、時間制又は通し花制で廻しはとらない。費用は一時間一円五十銭、午後六時から十二時までが五円二十五銭、引けから翌朝までが四円九十五銭、台の物は別、芸妓を呼べば一時間の玉代は約九十銭である。

その他の廓のことは省略したが、これを要するに京阪では、

屋　方　だいたい芸娼妓とも置屋が別にあって遊びは茶屋へ呼ばれて行くのである。この「置屋」を

「屋方」（家形とも館とも書く）といい、館の意で居住の家である。京都では「小方屋」といい、規則上では「第二貸座敷」となっている。つまり芸娼妓の置屋であり、居住させている貸座敷というわけだが、ここへは客はあげないのが普通である。

茶　屋　揚屋のこと、「貸席」「貸座敷」ともいい、客はこの家に来て妓を呼ぶのであり、料理は仕出し屋からとる。茶屋には「本茶屋」と「一現茶屋」の別がある。

本茶屋　一流の揚屋で、馴染客が紹介のある客でないとあげない。芸妓または娼妓を呼んで遊ばせる貸席である。

一現茶屋　二流以下の揚屋で、フリの客でも迎える貸席である。軒燈に「一現」と書いてある。すべて現金支払で遊ぶのだからフリの客でもよいわけである。一般に芸妓は呼べない。つまり本茶屋へ出入の芸妓はここでは呼べないし一現茶屋には娼妓専門の家があり、これを「おやま屋」といい、またここに居付の娼妓のいるところもあり、ここには芸妓は入らない。

おやま屋　おやまは娼妓のこと、おやま屋は娼妓専門の貸席という。娼妓もそれぞれ家形があって貸席へ呼ばれて行くのを「送り込み」といい（新町ではマンタと呼ぶ）、家形（抱えの置屋）へ直接客を迎える見世付妓を「居稼」と称し、その店（娼家）を「てらし店」という。送り込みの娼妓にも「扱席」があり、おやま屋以外の貸席へも行く。

扱　席　「みせ」ともいい、見番事務所のような役をしている。貸席から娼妓を呼ぶ場合にも一旦この扱席を通して家形から貸席へ送り込まれる。芸妓はこの扱席の名を名乗って、何席の誰というようにあたかも東京の芸者屋（置屋）の屋号を唱えると同様に称するのである。しかし扱席は見番のような共同組織のものでなく、各扱席とも独立して「線香場」（出先）を持っている。

京阪では昔の「揚屋」遊びを踏襲し、それを「茶屋」または「貸席」と称しているが、妓楼の「貸座敷」をも含め複雑なものとなった。その他「席貸」として待合風の業種もあり、この表面上の名目は旅館兼料理屋なのである。

明治以後の私娼街

明治の東京に私娼家の代名詞のようになって現われたのが「銘酒屋」だった。銘酒屋といっても決して飲み屋ではない。その当初こそ店に多少酒の罎を並べていた家もあったが、ほとんど空罎だった。酒だってその時代にはまだ多くの種類が自由に入手出来たわけではない。

明治十八年五月、浅草観音の周辺にあった水茶屋、楊枝店、矢場などが、奥山から六区に移転させられたが、その揚弓店の妓から転じて銘酒屋女が起ったといわれる。

浅草公園は明治六年に出来、明治十九年五月に地区が改正されて、四五六区はこのときの区画で出来た。明治二十三年の末ごろには十二階下に「白首」の私娼家が起った。これが銘酒屋だった。明治三十一年には浅草の銘酒屋は七十余軒となっている。明治四十二年七月には私娼窟の取締がようやく厳しくなり、浅草十二階下の私娼家は軒燈を禁じられた。このころ亀戸遊園地にも同様な私娼家が現われた。

明治三十九年九月、亀戸には六十軒の料理旅館があり、その後この地が公園となったのである。

玉の井にも私娼家が出来たけれども、これは大正六年ころから急激に盛んになったもので、十二階下の巣窟が弾圧された結果であろう。

大正四年ころには十二階下千束町一帯の私娼は約一千人となったというので、大正四年と五年にわたって警視庁の大検挙が行われ、一時四散したものは看板を替えて再編成が行われようとしていたのであるが、大正十二年九月の関東大震災で、名物の十二階も崩壊し、ここの私娼窟はついにそのままで姿を消してしまったのである。

そして大正十五年、亀戸の私娼窟には娼家四百二十軒、白首八百五十人。玉の井は娼家四百八十軒、白首九百五十人が数えられた。

これらの集団私娼家はほとんどが、普通の商店や住宅に囲まれた裏町に密集している。だから遊廓のように囲いで区画されているわけではないが、娼家の建て方や向きによって自ずから一画をなし、狭い通路が曲りくねって迷路のようになり、馴れない者は容易に商店街の大通りに出られなくなる。そして所々に「抜けられます」と書いた看板のようなのが通路の上に出ていて、なるほどそこからさらに路が通っている。しかし曲り方で何回も同じ路を歩いていることもある。路地の左右に娼家が向き合っているところは案外少なくて、あちこち向きが違い。それだけに路地がさまざまな方向に走っていることになるわけである。

このような路地の変化は、妓の逃亡を防ぐことにもなるし、その他にも防衛的な意味があるのかも知れない。そして「地廻り」と称する見張役の男が、要所々々に配置されていたという。

大正の十二階下の魔窟を警官が襲ったときにも、さもない娼家で外観からはわからないような中二階があったり、地下室から表の道路に抜けられる路がついていたのなど、手の込んだ建物もあったという。いわゆる「隠れ座敷」である。

江戸時代の岡場所娼家にも同じような仕掛けがあって、いざ警動の手入れがあると、抜け通から妓を船に乗せて、遠く葛西橋の方まで川続きを逃がしたとの記録もある。

また上野山下の「けころ店」では、これは手入れに備えるわけではなく、客が遊びに出入するとき、それと目立ぬように隣家の普通の商店に入って、そこから裏へ抜けて行けるのがあったという。それと同様である。

魔窟の生活

亀戸、玉の井の魔窟の建物は、昔の切見世に似た、小さくて同じ形の家が続いて並んでいた。三尺程の入口の脇に、一間か一間半の羽目板が続き、ここに障子窓があって、横に細いガラスの入った障子になっている。この内側が一畳か一畳半ぐらいの座敷、ここが妓の座っている座敷で、ガラス窓からほとんど眼だけ覗かせて表を通る客を呼び込むのである。窓に近寄ってよく見ると、思いがけない年を食った妓だったり、また年少で馴れない少女などには、年増女が付添って代りに呼び込みをやっているのもあった。

客は入口を入ると直ぐ二階へ上がらせられ、履物や帽子などは妓が隠すように片付けてしまうのである。だから帰りにもこれを出してもらわねば出られないのだった。

二階で妓と直接遊びの交渉をして代金を渡さねばならない。もし気に入らないとか、話だけで遊ばずに帰る者はオブ代とて大正ごろで五十銭は置かねばならなかった。交渉もまとまらず、そのままで時間を経過すると、階下から声がかかって妓が呼び付けられる。そんなことでは稼ぎにならぬというわけなのである。遊んだ後でも、話し込んで時間をとるようだと同様に叱られ、稼ぐことには少しの仮借もしない。

遊びはショートタイム（ちょん）、ロングタイム（時間）、泊りの三種だが、時間によって宵の口からの泊りは喜ばれないし高くつく。昼間の客もあるが、普通は夕方近くなって化粧をし、見世に出るのであるが、これをここでは「店をつける」という。そして通行人に呼びかけるのだが、表からは妓の眼のあたりだけしか見えないので、遊客は近くに寄って覗き込むようにする。その間に妓はさまざまな言葉で遊びを勧める。

相手の服装を見て「チョイト旦那」といったり、社長さん、重役さん、若旦那、親方、お兄さん、学生さんなど勝手な呼び方でしきりに誘いをかける。「今日はチットもお客がつかないから、口明けに特別サービスするから」とか、「今日はまだ処女なの」とか、「好いたらしいお客さんだから是非あがって」くれとか、ある妓はしゃがれ声で哀願以上になんとしてでも客をとらないと、抱え主の不気嫌に堪えられないといった様子で、悲壮な呼び込み方をするものもあるし、まるで野獣の檻の前にでも立ったように、隙を見せたら飛びかかって来そうなのもある。それは肉慾に飢え切ったもののようにも見えるけれども、むしろ飢えた男を相手に浅ましい稼ぎで自分が生きねばならぬとの、想像もつかない真剣な叫びでもあるのだった。

ここへ来る女はたいがい不運な経路を経て転落した女達なのであるが、年少者もあるし、年増女もいる。まだまったく世間馴れないような少女も時には入って来るけれども、多くはすでにこのような社会を転々として渡り歩いて来た娼なのである。ここの娼家を「かいや」といい、妓のほとんどは住み込みでまったく自由を奪われ、外出もできない程だった。というのはそれくらい監視の眼が常に光っているとの意味なのであり、自分から身売りをしたのでなくても、売られて来たものだったからである。そして毎日稼がねば居たたまれないような冷酷悲惨な待遇を受けているのだった。

丸抱え、分け、自前の通い妓と種類はあったが、自前の通い妓以外は自由な外出も許されていなかった。妓をこの社会では「出方」といい、主人の女将自身も客をとって稼いでいるのを「主人出方」という。またここで遊ぶとか「遊ばせる」といえば、情欲満足の直接行動だけの意味で、その他に情緒的ムードは問題にしてないのである。すべてが拙速主義で、たとえ妓から働きかけてくる様子をしても、それは早く埒あけさせるために外ならない。あるいは妓が喜悦の状を示すのも、ほとんどが自分の都合からの計算ずくであった。普通なら相手がどう満足しようと勤めだけのことをすれば、あとはどうでもよかったのであるが、少しでも自分が相手になってやるのを「遊ばせてやった」といい、場合によっては妓が稼業的な手段を用いて客を喜ばせるのを「ふりをつける」という。つまり自分から好きに思うようになったとか、本気で喜悦したとか、そうした振りに見せかけることなのである。

浅草と十二階下

浅草観音の繁昌は新吉原とも関係が深い。観音参詣や各種の行事を名目に出掛けて、吉原へ廻る遊客も少なくなかった。そして吉原と浅草を控えたこの付近には、途中で遊客を奪い留めるためさまざまな娼婦が発生したのである。

明治四十年刊・東京市編の『東京案内』に拠った田村栄太郎著『江戸東京風俗地理』第三巻には、浅草公園の一区から七区までの名物、名所のことなどが記されているが、そのうちの六区の分だけを見ると、六区内をさらに分けて四号地までとし、

一号地　大池を前にして十二階に近い角の大盛館は江川の玉乗で入場料は大人三銭小児二銭。次の清遊

館は浪花踊で大人三銭小児二銭。共盛館の青木玉乗も入場料は同じだった。このほかに猿の曲芸と芝居などがあり、料金をとって蓄音器をきせかる店三軒。釣堀屋二軒があった。惣菜料理屋の吹よせ、そば屋の万世庵がある。この一号地の裏通りは銘酒屋、大弓店、碁会所、新聞縦覧所、鮨屋などがある。

二号地　見世物では日本館の娘都踊、入場料は大人三銭、小児二銭。野見の剣術があり、大人二銭小児一銭五厘だった。ここにも銘酒屋があり、洋食店、鮨屋、写真店があった。

三号地　清明館の剣舞は大人二銭小児一銭五厘。明治館の大神楽が大人三銭小児二銭。電気館の活動写真が大人五銭に小児は二銭だった。ほかに劇場の常盤座があり木戸銭は六銭。寄席の金車亭は木戸銭六銭。料理屋では生洲、鳥料理の鳥万があり、銘酒屋、写真店、釣堀（電気館の裏手）があった。

四号地　見世物にはパノラマがあり、入場料大人十銭小児五銭。珍世界は大人五銭小児三銭。木馬館の入場料は五銭。新派演劇朝日は大人二銭小児一銭五厘とった。ほかに天ぷら屋の角万、天亀があり、釣堀があった。

という。浅草寺境内が公園に指定されたのは明治六年だが、明治十九年には区画が改正され、四、五、六区はこのときに出来たという。

浅草というところは、ことに公園の周辺などは谷崎潤一郎の小説『鮫人』にも描かれているように、一種独特の雰囲気と環境とを持ったところで、明治初期の西洋文明が急激に拡まって行った中で、ここだけは庶民大衆の歓楽街として新旧上下の人種が混然と往来しただけに、自然と浅草独自の発展をしたところなので

十二階下の私娼窟　（喜多川周之氏所蔵）
浅草十二階下の魔窟は大正年間に反覆弾圧されて壊滅したが、これは大洪水のあつたときの写真で軒並に軒燈が出ている。明治四十二年七月には庁令で魔窟の軒燈は禁じられた。

ある。だからこの地に住みつくと他へは行けない土地への愛着といったものを持つようになったし、あらゆる階級者が混然と打ち混った生活の中に、時代や社会を超越した特殊な人間生活が、神秘的魅力を人々に感じさせたのである。

観音堂への参詣者は昔から依然として絶えない。仲見世には各種の土産物やら名物の店が並び、本堂周辺の空地や広場にはテキヤ商人が露店に人を集めて、さまざまなタンカバイ（説明売り）が行われていたし、公園の植込みを通り抜けて大池の方へ行けば、ここにはまた見世物、活動写真館、手踊りから芝居、オペラなど各館とも呼び込み男の声と、旗やのぼりで賑わしく、いろいろな音楽の音色に昼夜の雑踏、それらに交って到るところに食い物屋があり、安いのも他の比ではない。これが明治末から大正、昭和にかけての浅草だった。

浮浪者を大正のころにはもっぱらルンペンと称えたが、それに交って乞食の数もかなり多かった。

そしてそれぞれの生活と稼ぎとがまたこの地を根拠にして行われていたのである（この種の詳細は、昭和四年〔一九二九〕刊の石角春之助著『乞食裏譚』その他の諸書があり、また昭和二年刊行の草間八十雄著『浮浪者と売春婦』などにも書き残されている）。

そしていわゆる乞食売春婦と称せられている「ガセビリ」が、これらの仲間相手に生活していた。土手のお金、その跡にお芳、おせいなど有名なのがいた。

大正末から昭和の初期までは、まだしばしば見かけられた「引っ張り」、明治十年ころ本所の吉田町、三笠町辺の「よたか」が浅草の奥山に進出して来て起った街娼だったが、ガセビリよりは姿も整い、やや高級だったけれども、活動写真館や演芸館が終る夜の十時ころからがもっとも稼ぎ時とされ、ことに池の付近から奥山の植込地に出没、最低十五銭ぐらいから二十銭、五十銭のものもいた。

「銘酒屋女」は奥山の矢場から転じた私娼だったといい、「矢場女」は明治十年ころが全盛期、後に射的場となった。十二階は明治二十三年十一月に出現、その後この裏側の町に私娼窟の密集地帯が起り、俗に「十二階下」と呼ばれていた。

花電車

昭和の初めに出現した「花電車」というのも、東京ではこの種の私娼のうちから起ったものだった。その初代は浅草の八重子とかいう妓だったといい、その後にもこれを真似た妓が何人か現われたのだが、娼婦でありながらも、この演技を「見せるだけで乗れない」との洒落からこの名が起ったと伝えられている。昭和七年刊の『女魔の怪窟』（発禁）には、これらの妓の列伝風の記事がかなり詳しく載ってた。

当初は私娼家の一室に寝台を置き、このショーの噂を聞き伝えてやって来た客で、数人連れの一団であるとか、または個々に訪れた者であれば、相当の人数が集まるまで待たせてから、演技を始めたという。つまり一定の料金額が集まれば開演というわけなのである、これで大分に稼いだとの話である。そのころの演技種類は七種類ばかりであったが、後年には十数種類が行われたとの報告が、雑誌『あまとりあ』誌上に載っている。

この始まりは、それより以前、大阪飛田遊廓の一妓が上海帰りの客から教えられたとかで、馴染客には時折余興的な意味で見せていたが、やがて他の妓にもこれを習って行う者が現われた由が、そのころの『趣味タイムス』に載っていたと思う。

昭和初期、カフエー遊びが流行して、やがて小カフエーでは女給がさまざまなエロ戦術を工夫して、客を奪い合うようになったが、その中にはひそかに「銀貨ばさみ」をやって見せ、それをチップ稼ぎにしたというのもあり、外国の私娼窟の妓たちの話を真似たのだというけれども、この種の女はそれがたとえいわゆる売春行為でないにせよ、娼婦に等しい存在だった。

だがこの時代から秘具には「処女帯」などいったものも出現して、売春ということに対してもかなり考え方が違って来たのは事実のようである。そして戦後、現代のストリップショーにしても、極端な演出は見せるけれども、彼女らは決して売春婦稼ぎはしないという、奇妙な傾向が現われている。

女郎の艶姿

二代国貞画・女郎のあぶな絵。頭、着物、部屋など
風俗資料として見るべきものが多い。

第二章　娼家と茶屋

娼家の歴史的形態

宿と娼家

娼婦がそれを稼業として行う家が娼家であるが、これは売春形態の変遷に伴い種々変化があったことはいうまでもない。

「宿」（やど）という言葉は、古くは寝泊りする家との意味だった。そこでこれが娼家をいった名だったこともあるが、営業としての宿は旅人の宿舎として発生し、江戸時代になってからのことであった。しかしこれもやがては娼婦によって利用され、娼家となったものが少なくないのである。

街道宿駅の「飯盛旅籠屋」は、江戸末期化政度には、ほとんど全国的に、まったくの娼家化した。

元禄ころには「暗宿」（くらやど）という暗物《くらもの》娼家が存在したが、これは隠れたる娼婦の意味で密娼の名だった。

幕末ころ、大阪で旅籠屋の看板を出し、ひそかに女を置いて稼がせ、あるいは街頭に進出して客を引き、あたかも連込宿の風を装った「小宿」が当局から取締られたし、江戸の「船宿」も、後年には深川芸者などが出入りした遊び茶屋となった。「中宿」は遊里に遊ぶ者が途中で身仕度を整えたりした休み茶屋だったし、その他にも利用されていたけれども、一時は「売色比丘尼」が毎日中宿に出張して来て客をとり、娼家と変らぬ有様だったのもある。

売春の史的分類として、宗教売春、奴隷売春、接待売春、営業売春などの説を掲げているが、自由恋愛時代には売春はなかったし、いわゆる試験婚の風習による場合にも、それを売春とはいい難いのであり、こうした古い時代の売春の解釈は現代における売春の意義とはいささか違っている。

遊女屋

遊女の名は遊行女婦の略称であるとの説があり、巫女の類が放浪の旅に出て売色したといい、あるいは遊女は「くぐつ」の系統の売女だったとの説もあるが、これらには一定の娼家はなかったろう。室、江口などの港町に群居した遊女が、その後、温泉宿の「湯女」流行のために衰微したが、このころには「遊女屋」が存在したわけであり、「遊びめ」が専門的に遊女として独立稼業を営んだのはこのころからといってよかろう。

遊行女婦や後年においても賤娼といわれていた「街娼」には、とくに娼家としての稼ぎ場所はなかった。「綿摘」、「後家」などの私娼は密娼であり、ほとんど自家に客を引いたのであるから、純然たる娼家とはいい難い。そこで一般に娼家と通称されているのは、娼婦を抱えて稼がせる家の意となる。

色茶屋

妓の置屋や自宅が別にあって、遊び茶屋などで売色したことから、やがて見世付の妓を置いて売色稼業をした「色茶屋」は、娼家形態として相当に多い。

接待売春の風習は近代においても交通不便な地方の村落に行われているところがあった。

九州のある島では、洋服姿のある都会人が瓢然と訪れ、この島にどこか旅館はないかと尋ねたところ、島人の一人が旅館に泊られるならぜひ私共の家へ御出願いたいといって案内された。そして今夜は村の者を呼び集めるから、何か一席お話を聞かせてやってくれとのことだった。自分が何者であるかも聞かず、ただ都会の人間でめったに島を訪れるような人種でないというだけのことで、こうした接待をしたのである。仕方なく適当数話をして村人を帰し、その夜はこの家に泊ったが、寝所の世話には若い娘が付きっ切りで何なりと遠慮なく命じてくれとのことだった。それは閨房の伽の意味だったことはさまざまな様子で察せられたが、そのためかえって居づらくなり、こちらは都会人の不名誉になりはすまいかなど考え、早々に次の船便で島を離れたとの話もある。

不便な田舎住い、ことに富裕でもない家に賓客が訪れて泊るような場合には、何ももてなす手段がないからとて、娘の居る家であれば、それは寝所の世話をさせ、望みとあれば枕席にも侍する風習があったのである。そうした場合、娘もそれを当然のように教えられていたという。小説『新吾十番勝負』の中にもこうした情景が描かれていたと記憶する。

戦前のことだが鹿児島の片田舎では、旅商人でも農家などに宿を乞うと、快く泊めてくれて、その家の未婚の女が世話に当り頗る親切にしてくれた。しばらく泊っていて、やがて出立するというと、ならばいつまでもここに居て欲しい、出来れば婿になってくれという。別にその者を見込のある特殊の人物と思ったわけでもないようだが、誰か家人の増加することを願っての理由らしかった。

こうした事情や風習から、そこに男女関係をも生じることは、あながち売春行為だとはいえないのである。

長者の宿

古くは「長者の宿」というのがあった。『麓の色』には、
もと郷里の大農富商をも長者という。古くは娼家は酋長といえり、但し遊女の長者は凡て女なり。
と見える。昔は旅の道中にまだ営業の旅宿はなかったから、一般の人々は途中農家などに頼んで一夜の宿を借り、勿論寝具や寝室など用意があるとは限らないから、ただ炉端で仮睡するだけのことも多かったらしい。しかしそのころ、貴人や高位の人々は宿駅の長者の家に宿を乞う風習だった。「長者」とは郷土の旧家富豪の家のことであった。よって『蒼梧随筆』にも、
古は本陣旅籠屋の名なし、各その地の民家に宿泊せるを、貴人は民屋の中にて其地の長者の家を用いしことなり。
とあるのがそれである。
『笈埃随筆』には、
旅客の労を慰めんと宴興を設くることなれば、婦人出て饗せり、その旅客みな貴孫公子なれば歌舞をも

手馴れ、和歌をも詠み得、才有て艶なる女子を選びけり。

といっているように、最大の敬意と好意とを示す意味から、当初は長者の妻女や娘が接待に出た一種の接待売春だったのであるが、やがて後には専門の接待女を抱えて置くようなった。

平安中期ころのこれらの長者は、鎌倉時代中期以後から漸次営業化したが、と同時に娼家形態をとるに至ったのである。つまり長者の妻女が遊女化したばかりでなく、多くの女を置いて売色させ、自ら女将となったのだった。『麗の色』にて〝遊女の長者は凡て女なり〟といっているのはこのころのことで、この娼家を長者と称するようになったのである。

これらは十人、二十人と女を抱えて、土地の有力者や武家などを客に迎えていたが、ここの女共は決して他所へ呼ばれて行くことはしなかったといい、必ず長者の家に客を迎え、代償も衣類や米麦で差し支えなかったといわれている。

『麗の色』にはまた別のところで、

今は娼家の主を長者といわず、俗に亡八という。

とも見え、「亡八」の名が出てくるが、この亡八も遊女屋の主、または娼家の営業者の意味になっている。

見世付

昔の街娼の代表的なものは江戸の「夜鷹」だったが、これらは街頭に出て自ら客を引き、その取引も野合だったから「賤娼」と称せられ、「野引き」、「露淫」と称せられていた時代もある。しかしこの夜鷹のうちでも客を誘って家に連れて行くのもあり、それをとくに「巣鷹」と呼んだ。弘化二年（一八四五）には深川に「座り夜鷹」の切見世が出現したと『天言筆記』にあるのは、夜鷹の見世付となったもので間もなく禁止されてしまった。

かい屋

京阪で「辻君」、「浜君」、「立君」、「橋姫」、「総嫁」などいうのはやはり夜鷹の類の街娼のことであるが、『売春婦異名集』(一九二一年刊)には「づし君」の一称があり、局構えの賤娼家だという。

江戸の「切見世」や「長屋見世」、「鉄砲見世」の類も同様な娼家だった。

明治、大正のいわゆる魔窟の「かい屋」もこの式のものであった。

戦前小田原の町はずれにあった私娼家は、一時「青ペン」、「赤ペン」などともいわれたことがあったが、一棟を間口一間位にいくつもに区切り、入口には戸もなく、すぐに板張りの上り口になっている同じ造りの家が並んでいた。つまり局見世なのであって、客が訪れると、奥から妓が出て来て遮二無二客を引込んだものである。また昭和十二年ころ、広島県可部の郊外にあった娼家は、昔ながらの古びた家で、道の両側に五、六軒ずつ同じ造りの家が並んでいた。各戸とも戸障子を開け放ちにしてある一間の土間が、表から裏口まで通り抜けられるようになっていて、遊ぶ部屋は二階の廊下の両側にある。階下には老婆が一人居て、まず客を二階の一室に案内し、しばらく待たせておいて、どこからか妓を呼んで来るらしかった。これなども古い土妓の娼家そのままの形態を残しているものだった。

娼家の名称

遊女屋と女郎屋

娼家の凡称として古くは「傾城屋」と称されていた。

かの元和五ヵ条中には傾城商売とあり、娼婦が稼業を営む家との意味なのであり、庄司甚内の請願文には「傾城屋」といっている。このころには遊女を概して傾城と呼んでいたのである。

「遊女屋」とはその後に多く用いられた。遊女屋渡世のものとか、遊女に紛らわしい所業を禁ずとか、もっぱら遊女と称せられていたのである。

明治五年の『違式詿違条例』にも遊女屋渡世のもの云々とて、まだこうした言葉が踏襲されていたし、大阪では明治十一年まで公式の名称として『大阪府遊女営業規則』というのがあったが、この年の改正でようやく「遊女」の名を廃止することになったもので、おそらくここが遊女名の残っていた最後であろう。

もっとも娼妓と芸妓とを分け難い事情があったからで、そのことはさらに娼婦のところで説明しよう。

「女郎屋」というようになったのは、明和七年以後寛政のころからで、吉原が庶民大衆の遊里化した時代の称だった。「女郎《じょろう》」とはいかにも江戸っ子の俗言にふさわしい語調であるが、古くは上臈の義で上良なども書き、元禄以前の延宝、天和、貞享時代には盛んに「上ろう」の称が行われていた。そして女郎は一般に女性称としても用いられたのだった。

その他「青楼」、「妓楼」などもあり、『守貞謾稿』では「妓院」といっているのは理由のある用語らしい。

以前の遊びの制度では揚屋茶屋に妓を呼んで遊び、妓の「置屋」は別にあったのだから、娼家が遊興の家との観念からすれば、自ずから区別されるべきであるが、そうした場合には、多く「娼家」といわず「茶屋」と称している。

子供屋

江戸の岡場所では「子供屋」と称し、ここには伏玉とて見世付の妓がいたし、また茶屋へ出るのは「呼出し」と称せられていた、あるいは、「中宿」へ妓が出掛けて行って、そこで客をとった比丘尼私娼などの例もある。現代のあたかもホテル売春における状況であろう。

京都では近代の制度にも、妓は置屋に住まい、そこから茶屋へ呼ばれて行き、妓の住家を「屋方《やかた》」といい、規則上では「第二種貸座敷」となっていたが、これらは特殊例である。

「貸座敷」の称となったのは明治六年以後で、かのマリヤ・ルス号事件のあった結果だったが、このことはさらに別記したい。また京阪の制度では、規則はともかく、実際には特殊な形態が行われていたから、名称の上でも異っているのである。

その他娼家の階級や見世構えからの呼称、揚代による呼称などがあり、さらに私娼家にはさまざまな異名が呼ばれているのだが、それらは各項において述べる。

貸座敷

明治五年十月の解放後、娼妓のうちにも今後の方針が立ち兼ねている者が少なくなかったが、業者の方も途方にくれて、種々陳情が出されていた。そこで当局でも今一段の知恵を絞って、ようやく翌明治六年十二月になって、東京府では「貸座敷渡世規則」、「娼妓規則」および「芸妓規則」というのを出した。

これで吉原も一年二ヵ月ぶりに再び公認の廓として営業を再開することが出来たのである。

つまり従来の「遊女屋」を「貸座敷業」と称するようになったのは、実にマリヤ・ルス号の裁判があって以後のことだったし、芸妓稼業が法文化されて公認のものとなったのもこれが初めてだった。

芸娼妓営業が許可制のものとなったのはもちろんだが、そのためあらためてここに娼妓とは何か、芸妓とは何かの解釈を明確に示す必要が起ってきたわけである。

それにしても公認の花街遊里において営業の妓をこの二種別としたことは、考えて見ると興味ある現象といわねばならない。おそらくその当時には別段深い考えがあってのことではなかったろうと思われるのだが、従来遊里においての類似の妓として、結局この二つの妓種が銓衡に残ったことにもなるのだろうけれども、この裏にはたしかに芸妓の存在がそれだけ強い印象を残していたこと、そして芸妓もまた隠れたる売女であったことが物語られている証拠だったともいえる。

だがこれより先、大阪では明治五年十一月一日から「席貸営業許可」制をとり、従来の業者に切替営業をなさしめたのだった。またそれと前後して「遊所指定地域」をも設定した。

この「遊女並席貸営業規則」（大阪府達第三六六号、明治五年壬申十月）では、芸娼妓を主として抱主または貸借金関係などとまったく切り離し、独立営業者の芸娼妓への席貸営業を規定したものだったし、条文の内容中にも、当時の状況をうかがうことの出来る各種の文句があるので次に掲げる。

遊女営業規則

第一条　新に娼妓芸妓之業相営み度者は、父兄並に親族連印、父兄の業態家族人員営業年月数その他の情実巨細相認め、在籍町村戸長奥印の上願出べし、詮議の上可差許事。

第二条　許可の上は人別に鑑札相渡すべし然る上は兼て定置候黴毒検査の規則可相守事。但し止業致候節は其の段届出鑑札可致返納候事。

第三条　娼妓営業は兼而免許場所（指定地域をいう）の外不相成候、因て右免許場所へ住居無之者は貸座敷渡世の者へ示談を遂げ、座敷料其の他賄料等取極の上、座敷借り受け可申事。但し客と他行致し他所へ宿泊致候儀は不相成事。

第四条　外国人居宅へ一夜或は月仕切等にて罷越候儀一切不相成候事。

第五条　花代の儀は銘々客と相対之上取極め一切際限なき事。但し代金滞り候とて訴出候共取揚不申候事。

第六条（十一月改正）　娼妓芸妓営業の者は、一人に付一ケ月娼妓は三円、芸妓は二円在籍町村戸長の手を経て其町会議所へ前納可致事。但毎月三日に可相納事。

第七条（十一月追加）　人の妻妾として芸妓相働候儀苦しからず候事。

第八条（右同）　人の妻妾として芸妓相働候者は其夫より可願出事。但父兄親族連印等は第一条之通可相心得事。

第九条（右同）　従来芸妓と唱え売淫致すもの有之候処、向後禁止之事。

第十条（右同）　安治川通上一丁目、同二丁目に於て芸妓営業は不相成候事。

第十一条　（右同）　芸妓にして売淫致す者於有之は業態差止、当人は勿論連印の者まで可為越度事。
第十二条　（右同）　他管の者当府下に於て娼妓芸妓之業相営度段申出るもの有之節は、其管庁に願出聞届を受け、其町村戸長の証書持参の上営業場所に於て身元引受人を立て、寄留の戸主引請人連印、寄留町村長奥印を以て願出候はば詮議の上差許鑑札可下渡事。但納税之儀は寄留町村長より上納可致事。

以上の十二条である。この規則では明らかに芸妓の売色は禁じている。

娼妓芸妓席貸規則

第一条　席貸営業之場所は左の町に限り候事。（※指定地域のこと、略）
第二条　席貸営業致し度者は願出免許を受くべし、鑑札可下渡事。但し止業の節は其段届出鑑札返納可致事。
第三条　座敷を娼芸妓に貸渡すには、前以て幾畳之間にて一昼夜何程と相対を以て値段取極め貸渡すべき事。但し出稼の者へ長く座席貸渡し候節も同断、或は幾日何程、一ケ月何程と取極め、若し座敷主より賄をも引受け候はば是以て同様前以て相対に取極可申事。
第四条　座敷借り受候者、勝手により他家へ転じ候共、故障申立候道理なき儀と可相心得事。
第五条　座敷貸渡候ものへ勝手により貸渡候儀を相断る共、随意たるべき事。但し右四、五条に付き若前以て定約日限中に候はば断り出候方より定約残り日数の席料請取可申事。
第六条　貸座敷代滞り候とて訴出候共一切取揚不申候事。
第七条　無鑑札之娼妓芸妓へ座敷貸渡し候儀一切不相成候事。

第八条　従来の見世付様の座席貸渡す事一切不相成候事。
第九条　貸座敷営業態に付き諸達物等伝達其の他取締の為免許之場所に於て貸座敷営業惣代の者一名取極可置事。但し場所之都合により二三名を設け置も妨無之候。尤も相当の手当給料等は其営業の者一統より差出し候儀と可相心得事。
第十条　物代之者姓名並に給料取集方の方法は兼而可届置事。
第十一条（追加）　席貸営業之者は一人に付一ヶ月二円宛上納可致事。但し惣代にて取集め戸長奥印之上毎月三日迄に、其区会議所へ前納可致事。
第十二条（同）　座敷貸渡候共、娼妓の外売淫不相成候、若芸妓共淫奔之所行於有之は席貸の者も可為越度事。

右之条々固く可相守若相背くものは厳重可及処置者也

この規則のうちには「貸座敷業」といったり、「席貸営業」といったり、一定していない。そしてこの業者は娼妓稼業とは全然無関係に、あらかじめ定めた何畳の部屋をいくらとして貸し与え、妓と客との花代も任意に相対できめることとしているなど、まったくの部屋貸し営業であって、これでは娼婦稼業は実際には出来ない。また娼妓は免許地以外では稼業してはならぬというのはわかるが、この免許地内に居住していない者は、席貸業者と特別交捗をして定めよといっているところを見ると、妓の居所はこの貸座敷内に住むようにも思われる。だとすると実際には部屋だけでなく、客を迎える玄関、通路その他にも使用を要する場所のことや、客の案内者、雑用者も必要であろうが、そうした世話は誰が担当するかの問題もあり、もし揚屋式に妓が他の置屋から出向いて来るとしたら、貸座敷業者が部屋を貸すだけでは済まされない。それに妓が来た時だけの部屋貸しとすれば、別に特別契約をしなくとも、そのとき限りの料金を受ければよいわけである。

要するに大政官布告では遊女を抱えて置くことに疑問があって、抱主が遊女稼業を要求するものでないことが理由立てられればよいわけだった。

つまり、貸座敷業というのは、娼妓を寄宿させ、居室その他稼業に必要な施設を利用する代金を受けるものなのであって、娼妓稼業はどこまでも妓の任意の意志によるものである。ただし娼妓の稼業場所は貸座敷内に限る……趣旨なのである。

いって見れば従来の妓楼娼家内での娼婦稼業を、人身売買による奴隷のように、その自由を拘束して醜業を強いるものではないという、そのために考え出された解釈だったのである。

よって従来の業態を種々理窟に合った解釈の規定に作って表わせばよかったわけで、それがもっとも上手なことになる。しかし大阪の規定ではまったく新しい規則としてしまったために、かえって実情に適さない部分も出来たし、席貸業者と娼妓とを分離し、しかも許可条項を厳にしたから、これでは「公認遊里」、「公娼制」ではなくて、むしろ娼妓国営の感がある。

大阪ではこの明治五年十月の「遊女営業規則」を明治十一年に改正して、「芸娼妓並に席貸営業規則」とし、内容を総則、席貸、芸妓、娼妓と章を分けて掲げ、このときようやく遊女の称を廃して芸妓と娼妓としたのであった。

前記規則でも標題には遊女とし、本文中には娼妓芸妓としているが、娼妓芸妓は明治になって公式文書に現われた名だったので、大阪でもそれをまねて記したらしいが、大阪にはそれまで芸者はなかったのである。江戸では扇屋歌扇が宝暦年間に、遊女から分離して芸だけで客席を勤める「女芸者」として出現し、遊女と芸者とはまったく区別されたのであるが、京阪には遊女の他に「芸女郎」とて三味線女郎や太鼓女郎など、芸娼兼業の妓が生じ、後には「芸子」と称した。しかしこれも遊女の一種にすぎなかった。

だからこの「芸子」を「芸妓」と称したからとて、実態はいわゆる芸者の芸妓ではなかった。それをあえて娼妓と芸妓とに分け、芸妓の売色を禁じたけれども、娼妓（遊女）を分けて遊女、芸子、舞子などとしていた慣行によれば、芸妓はないことになる（町芸者は別だが）。

また近代においても京阪では、「席貸」と「貸席」の称が行われていて、席貸といえば待合茶屋とも違う出先の得意をもった見番のようなものだった。

こうした東京とは違った制度や名称が行われていたのも、明治初期の規則などに影響されて、伝統的にそうなっていったのではあるまいか。その後、京阪ではこれらの規定がさまざまに改正された。

明治六年二月には、芸妓のお座敷時間、衣服、髪飾などの制限が撤廃されて自由となったが、時間の制限はなくなっても寝泊は禁じている。

同年二月、遊女営業規則に芸娼妓の兼業を認める条項を加えたのも、遊女と芸子の従前からの業態をにわかに変えられなかった実情に沿うためだった（二枚鑑札の者は娼妓に準じて取締った）。

明治十三年、「娼妓席貸営業規則」と改め、娼妓は十五年未満の者は許さぬことに変更、芸妓は警察取締から除外して、遊芸稼人、遊芸師匠、幇間、俳優などと同様な自由業としたが、このため「町芸者」が横行するようになったという。

明治十四年の改正では「席貸及び娼妓営業規則」とし、娼妓営業の場所、遊客名簿などを明らかにするため、再び席貸業者を主体とする規定に改めた。そのためまた抱妓の奴隷制度復活の傾向を示すに至った。明治十六年の改正では「貸座敷娼妓取締規則」となり、娼妓稼ぎは貸座敷内と限定した。明治二十一年には、さらに「貸座敷娼妓及び紹介人取締規則」となり、娼妓稼業の年限を最高九年とし、かつ娼妓収入金の収支を明確にさせ、また出し方（周旋業）などの許可制を採用した。

明治二十五年には、大阪府令で「芸妓」（酌人を除く）の貸座敷免許地域内居住を定め、外泊には届出を要することとしたから、町芸者間に問題が起り、この不都合を嫌って芸妓から酌人に転向する者が出て、後の「雇仲居」（やとな）出現の原因となった。

このような諸問題は他の地方の規定においても、それぞれ考慮されたに違いないが、全国的な「娼妓取締規則」が内務省令によって出されたのは、実に明治三十三年十月（内務省令第四四号）だった。この規則は細かい手続規定を主としているものなので掲出を略する。

とにかく貸座敷は従来の遊女屋ではなく、娼妓を寄宿させ、各種の施設を利用させるだけの営業で、寄宿の妓がどんな方法で支払料金の収入を得ようと関知しないとの建前なのである。そのため、たとえ身代金式の前借をしようと、その貸金のために妓を拘束して売色させることは許されない、その貸借金はどこまでも普通の個人的の貸借でなければならなかった。

そこでこのときから、従来の遊女抱え「証文」は変った。前借金は単に普通の金銭貸借証書となり、その返済方法はどんな割合になろうと、妓の売春収益を引当に書入れることは出来なくなった。しかしこれだけではすこぶる不安であったし、また遊女屋経営のときの利益のような、妓の稼ぎを搾取する儲けがなくなった。よってもう一つ、隠れた証文を別にとり、それには返済金は妓の売色稼ぎによって返済するとして、稼業の内容に干渉し得る条件などを契約したものもあった。

とにかく契約が種々形態を変えることになったのは事実だった。

それから貸座敷が単なる部屋貸しとはいえ、妓の稼業形態からいえば、何事もすべて妓と客との直接交渉というわけにはいかなかった。客引にしろ、代価の交渉や受渡し、客の案内から応接など、妓自身では不便なことが少なくないのである。よって結局は娼妓稼業の総体的経営ということでは、貸座敷業者が担当しなければならなかった。そこに搾取的な営業分配が多少行われるのはやむを得なかったかも知れない。

明治八年には大政官布告（第一二八号）で、

金銭貸借に付、引当物と致候は売買又は譲渡に可相成物件に限り候は勿論に候処、地方により間々人身を書き入れ候ものも有之哉の趣、右は厳禁に候条此旨布告候事。但し期限を定め、使役等の労力を以て負債を償うは此限にあらず。

といっている。これより人身売買的な契約は禁じたが、年季的労働使役などで前借金を返却するといった方法は差し支えないとした。これは普通の労務契約だったが、貸座敷業者はこれをも勝手に解釈して妓を奉公人として拘束したりした。

こうした娼家営業の規定が出来、契約書の形式が変った問題は、面白い研究問題でもあるので、その後「売笑婦売買の真相」（『社会政策時報』大正九年）、「公娼の前借金について」（『経済論叢』大正十二年）、「娼妓と前借金」（『国家学会雑誌』大正八年）などに各種の論説が載ったことがある。

娼家の構造

建築

娼家の構造は見世の種類や格式によって違うが、元和五ヵ条に示された通り、吉原の遊女屋はすでに当初から、「家作普請等美麗に致すべからず」といわれてきた。しかし遊客に喜ばれて稼業の繁昌を図るためには、どこも競って華麗にするのは当然の勢だった。

俗言に〝京の女郎に江戸の張りを持たせ、長崎衣裳で大阪の揚屋で遊びたい〟といわれているように、大阪の揚屋の豪壮さは日本一といわれた。京都島原の角屋なども近代に至るまで、お座敷拝見の客が相次いで訪れる有様で、角屋主人著の『はなあやめ』にはそれらの写真も載っている。またかつては島原の一力茶屋だったたかの建築について論文の発表されたのを記憶する。

江戸の吉原では二階造りまでしか許されなかったし、外観は規定を守って比較的派手にはしなかったけれども、内部は追々に華美となり、あるいは風流な洒落た造りとなっていった。しかし、化政度ころからの庶民大衆化に伴い、安直な娼家が増えたのも事実である。

寛政の改革後、同七年に出た「吉原規定証文」中、建物についての条項では、

一、家作之儀美麗に不可致候段は、前々より被仰出有之候間、急度相守別而三階体之家作不仕、金銀張付、同鍍金物等無用に可致候事。

但、家作三階体之儀は、此問早々相直し軒高さ一丈八尺限、其余高き分追々修覆之節相直し可申候

事。

一、家根之儀は、こけら葺大屋根にて別而火事の節は不宜候間、古来都て家作三間梁より大きく致間敷候御定に付、当時在来之分は、是亦普請之節、三間梁に限り可申候事。

一、吉原町囲外、見通目隠板之儀、以来等閑なく相守可中候事。

としている。

妓楼の部屋

娼家の内部の部屋割りなども、娼家の種類格式等級で違うのは勿論であるが、妓楼の一般的内部区分として『花街風俗志』に記されているところは次の通りで、これによって大概を察知することが出来るだろう。

階下には、張店、髪部屋、女部屋、男部屋、夜具部屋、帳場、内証、縁起棚、料理場、食事場、湯殿、便所、(客室)。

階上は、引付座敷、やりて部屋、娼妓の座敷部屋、名代部屋、行燈部屋。

とある。さらに説明には、

〔帳場〕ここには楼主なり或はその代理人が控えていて、帳簿や計算を司っている。たいてい雇人が取扱い、すなわち書記と呼ばれて楼主の代理を勤めているので、極の小店では内証から帳場を自身勤めるのもないことはない。

〔内証〕内証と書くはどういう理由か知らぬが、内所というがしかるべく思われる。ここは楼主とその家族者のいる室の称呼で、一般からは御内証、或は御部屋と唱えられ小間使以外の雇人は許しなし

娼楼内部断面図（上・下）

にその室内へ入ることは出来ない。皆敷居外に手を突いて楼主のいいつけを聞き、又は用談を述べるのである。云々。

〔髪部屋〕俗に「かん部屋」または「寄場」といわれ、多くは娼妓の共同室や寝室にあてられ、髪部屋とは有名無実となって昼間などはこの部屋に一同が集って寝る。云々。

〔男部屋〕〔女部屋〕は、いずれも雇人の室である。

「かん部屋」は要するに雑居室であり、閑部屋の空室といった意にも用いられていた。支払金に不足を生じた遊客が、金を調達するため仲間の者を人質に置いて出た後、仲間の客は「かん部屋に下げられる」と て、行燈部屋などに入れられて待つのだった。それと同等の雑部屋のことをいうのであろう。しかし隠語には寝ることをオカンといい、浮浪者の野宿者をカンタロウというので、「かん部屋」は寝部屋の意ともなる。だが髪部屋の称があるとすればそれが語源であろう。

それから妓楼の「便所」だが、ここにはそれが階下にあるとしている。昔の二階家で階上に便所のついている家はなかったらしいのだが、河達義雄著の『庶民と江戸川柳』（一九六五年増補版）には、〝江戸川柳に現われた三階の小便所といえば、まず妓楼の小便所である〟といって、

こいつ野暮二階でたれた事がなし
雪隠も二階かときく極の野暮
寝て待てばいかにも遠い小便所
コリヤ喜助小便所迄は何里ある

などの句が説明されている。

昼の身だしなみ

まわし部屋

岡場所の切見世長屋などの便所は、路地の隅に共同便所があって、妓もそこを使ったらしい。使用中ということがすぐわかるように入口の扉は半分しかなく、用便中の人の頭や顔が上から見えるのであった。妓楼の「下湯場」は浴室の一部に出来ていたから、便所にその必要はなかったろうけれども、岡場所の小さい娼家では便所に続いて下湯場があったようである。近代の魔窟の娼家でも予防法で規定した洗滌器具などを便所に備え付けてあった。

廻し部屋

廻し制度の妓楼には、本部屋、廻し部屋、大部屋などがあり、これは客室ともいえる妓の稼業部屋になるわけだが、それぞれの遊びと客種とによって用途を異にした。

昔の妓品階級には部屋持、座敷持などいうのがあり、上妓になると専用の部屋が与えられたのだった。「本部屋」は妓の自室で、そこには長火鉢、箪笥、その他の家具調度品が置かれていた。馴染客で泊る客の場合でも、もしすでに先客があれば本部屋へは入れなかった。

京阪には廻し制はほとんどなかったが、各妓に専用の自室が与えられていない家では、時間遊びの客を迎えた妓は、幾室かの共同部屋のうち空いている部屋を使ったのである。

「廻し部屋」はまた「割部屋」ともいわれて、殺風景な部屋が隣り合って並んだり、分けられたりしていた。そこへ次々と遊客を通して待たせ、妓が順次廻して床をつけたのである。廊下を歩く女郎の草履の足音に何遍もだまされるのも、この部屋の客であった。

「大部屋」は安い連中客や雑客が立て込む下級娼家では、割部屋以上に広間を屏風などで仕切って、込みで客を入れた。川柳に〝同気相求めとなりでもまた文弥〟とあり、秘語ではこれを「貰い床」というが、〝割床の地震隣りへゆり返し〟といった情景も起り得るわけである。

見世のさまざま

見世というのは、もともと他人に物を見せる意なのだが、そこで商家を「みせ屋」といい、商品を見せて売る店舗の義ともなった。娼家に見世の名のあるのも、妓を見せて商売をする家というわけだったろう。

これには娼家の格式に応じての店構えから来た名や、妓品階級の種別からいう名、料金や商法からの呼称などさまざまである。

散茶見世

遊女の妓品種類も京阪は太夫、天神、鹿子位といったが、吉原では太夫、格子、端とし、元吉原時代の寛永ごろは太夫七十五人、格子三十一人もあったのに、新吉原となって元禄には太夫四人、格子十六人に減じてしまったという。

しかしそれより以前の寛文八年（一六六八）三月、市中の売女屋七十余軒が五百十余人の妓を引き連れて吉原に転住し、散茶見世を営み、それが評判になって散茶女郎の一級を加え、さらに元禄には梅茶女郎が起って、見世は太夫格子見世、散茶見世、梅茶見世、局見世（切見世）の四種となった。

宝暦十一年（一七六〇）、吉原に女芸者が出現する前のころ、吉原の揚屋はまったく廃れている。そしてこのころ散茶女郎がさらに「昼三」（昼夜金三分、夜ばかり金二分）のものと、「呼出」（金一両〜一両一分）に分れ、『古今吉原大全』には、「明和五年（一七六八）ころ初めて女郎に呼出の名起る」とあり、寛政以後になるともはや太夫、格子の名はまったく廃れて、呼出妓が最上妓の名となった。また梅茶妓が「座敷持」（昼夜金二分、夜ばかり金二朱）と「部屋持」（昼夜金二分、夜ばかり金二朱）とに分れた。

散茶女郎は風呂屋女から転向して来た女郎だったから、振らずに出るとの洒落から起った名といわれ、以前からの妓のように意地も張りもなく、安値な大衆的な妓だった。それ故大いに繁昌し、後にはこの妓が主となってしまったくらいなので、「散茶見世」の風はだいたい近代の女郎屋の体裁と同じだったという。

梅茶見世

「梅茶見世」は後に絶えたが、天保末ころの様子を伝えている記によると、

表惣格子にして、店は壁の方と跡尻の方と二方に女郎が居並び、まがきの方にギウ同座す。そのまがきと表の格子との間を、三尺程あけて落間あり、ギウ台より出入す。客人格子にて女郎を見立て呼ぶときに、ギウ落間より来りて客に応待して客人をば其格子の並に木戸ありて、それより誘引するなり。云々。

とあり、張見世に妓夫間があった。

局見世

「局見世」の造りは、

表に長押をつけ、局の広さ九尺に奥行二間、或は二間半、また横六尺に奥行二間にも造る。入口は三

尺、表通りは横六尺の鶉格子なり。中しきいと庭との境に二尺ばかりのまがきをつける。但し外より内へ入候へば左の壁際なり。鶉格子への通いに巾二尺ばかり長さ三尺の腰掛板あり、入口にかちん染ののれんをかけ、のれんに縫留に紫革にて露をつける。

という。局見世は元禄末にはなくなった。

まがき見世

寛政ころになると見世は大略次の五種となった。

①大まがき。総まがきともいう。
②半まがき。交り見世ともいう。
この二つとも「呼出」、「昼三」の妓の見世で、以前の散茶見世である。
③町なみ。大町小店ともいう。座敷持、部屋持の妓の見世で以前の梅茶見世。
④小格子。河岸見世ともいう。
⑤長屋。切見世、局見世ともいう。

大まがき（大籬）は間口十三間、奥行二十二間、格子は幅七寸の赤塗。まがきの高さは天井まで達していた。

半まがきは、間口十間以下、まがきは大まがきの半分である。

町なみ（並）は間口十間以下、まがきが二尺程のものである。

小格子はまがきなく、竹を横にし、格子の巾も三寸を限度とした。

長屋は最下級の見世で、局見世とか長屋式の店のこと。吉原では伏見町にあって、後に東町二丁目の河岸に移り長屋と称したという。

天保十四年、吉原には、総まがき一軒、半まがき十七軒、町なみ八十四軒、西河岸十四軒、局見世七十九軒、茶屋、小芸人、割烹店など四百三十八軒、計七百四十二軒となっている。

小格子

小格子店は俗に、「ちょん〳〵格子」などともいい、下級妓の店だけに、遊客も妓も無遠慮に口悪や冗談のやりとりが行われ、大衆にはかえって面白がられた。吉原の河岸見世のあるところは俗に「羅生門河岸」とも呼ばれていたが、妓が強引に客をとらえて腕などを引き登楼を勧めたから、あたかも渡辺綱が鬼の腕を切りとったという伝説のようだとの義なのである。

大まがきは大店なのである。「まがき（籬）」とは、元来は柴や竹などで荒く編んだ垣のことだが、妓楼の見世の入口の土間と見世の境にこれが造られていたからで、この名は寛政以後に始まった店の等級を表わす称となっていた。『川柳辞彙』では、
まがき。吉原の妓楼で住まいと落間との間に立つ格子戸の称、云々。

といっている。

そして明治五年の解放令以後は、単に大店、中店、小店ということで、妓品、揚代の違い、茶屋受の店とて直接誰でもが登楼出来ない店（大店）とか、蔭見世で張見世のない家などとなったが、さらにその後は写真見世、切符見世となり、娼家の階級的な格式といったものはほとんどなくなった。その上洋風造りで洋風の娼家なども現われて、廓の様相はだいぶ変化した。

いって見れば、老舗、名店街の店からマーケット式の傾向が、このころから見え始めたのである。

切見世

切見世は切りを売るとて、時間遊びや一寸間遊びの客を扱う下級の見世のことで、「鉄砲見世」などの異名もある。「局見世」「長屋見世」などはそれらの娼家の造りからいった名である。長屋をいくつにも小さく分けて見世にしているもの、棟割長屋を前後左右に局風にした見世などがある。これらの図は『守貞謾稿』その他の書物にも載っているが、山路閑古著『古川柳』（一九六五年刊）の「河岸見世」の条には、

その一軒は間口が四尺五寸あり、二尺が出入口で、二尺五寸が羽目板の壁になっており、奥行が九尺で、三巾蒲団一枚敷くと一杯になるというマッチ箱のような小さい店である。

これが襖の唐紙を仕切りにして、ずらりと並び、店毎に火之用心と記した行燈を出している。客があると入口の戸を立て、客のない時は戸が明けてある。

と記されている。だいたいこれで想像がつくように、ほとんどがこの形だった。出入口の戸が締っている時は只今営業中の合図代りになっていたので、後から来た客は入れない。というのはこの一軒一と間の家に妓が一人だったからである、川柳に、

〝切見世は立消えのする頬冠り〟

との句があり、これは忙しさのために愚図ろ兵衛では途中で時間限りになるといった秘義なのだが、頬冠り客が来て見れば営業中とあって待ちきれず、いつの間にか姿を消したとの句だと解説した人もあったのは、

局見世の図
江戸時代の下級の長屋式私娼家、入口に板戸または上部だけ格子のついた引戸があり、これが締まると営業中を示すものだった。

散茶見世

前記のような店造りと合図方式のあったためだろう。

昔の長屋見世で「朝鮮長屋」と呼ばれたものなどは、一画の囲いの中に、内側を向いて並んだ長屋がぐるりと建ち、さらに中央の空地には大きな一棟があり、この家の周囲がまたいくつもの局に仕切られて、前記のぐるりの見世と向い合っている。ただしその間の通路には竹矢来などが設けられていて、直接こちら側から向い側の家には行けないのである。

この中央の一棟はいわゆる棟割長屋なのであって、中心部にやや広い一室が出来ているところが主人の住いになっていた。だから通路に面した各局見世の奥の襖を明けると、それぞれが主人の部屋へ通じているわけである。

棟割長屋というのは大きな一と棟の家の棟を境にして、まず表と裏に仕切り、その表裏ともさらに左右にいくつもに分けて仕切り、一戸ずつ並び続いている家をいうのである。

一つ見世

娼家の長屋見世にもこの式があったわけで、一つ局見世に妓か一人しかいないのを「一つ見世」、二人いると「二つ見世」など呼んでいた。

明治十七年ころから現われた「白首」という私娼の見世も、切見世造りの小さい二階家だった。当時ここへ遊びに行くことを「鬼買い」と称したが、白鬼を買いに行く（鬼は隠の義）との意ばかりではなく、この家へ行くとすぐ妓が出て来て「どうぞお二階へ」と客を案内し、客の履物などは早速に隠し片付けてしまった。そこでお二階（鬼買い）との洒落だったという。

後の浅草十二階下の魔窟の私娼家も、これに似た造りの同じ家が並んで、軒燈を掲げていたが、明治四十二年七月、この軒燈は禁止された。そして大正年間の大弾圧で潰滅し、亀戸、玉の井に私娼窟が移ってからも、見世の形態は似たものだった。

表のガラス障子の窓から妓が眼だけを覗かせて盛んに客を呼び込んでいた。

昭和五年に『モデルノロヂオ（考現学）』の書を出した今和次郎氏にも、玉の井私娼家のガラス窓、出入口の図、店の配置など詳細に描いているのがあった。

金見世・銭見世・四六見世

『守貞謾稿』には品川の条に、

銭六百文、五百文、四百文を以てす。四五六百文と云わず、六百文以下を六寸、五寸、四寸と云。六寸五寸を中と云。四寸を小見世と云。

とある。昼夜の揚代、昼六百文、夜四百文であるのを「四六見世」といい、岡場所にはこの種のものが多い。昼夜の揚代が銭一貫文になるのを「銭見世」といい、時はさみ金二朱のものを「金見世」といった。江戸の岡場所には金見世は九ヵ所だったという。

鉄砲見世

「鉄砲見世」のことは前にもいったが、一切百文の切見世だったので、一発百目玉の洒落である。川柳にはこの面白い句がいくつかあり、『庶民と江戸川柳』切見世の条にも出ている。

張見世

娼家の妓が見世に顔を並べて遊客の見立てに応じ、あるいは客を引くのを「張見世」といったのである。妓からは「店を張る」とか「店をつける」というのが遊里一般の通言で、妓が店に出る意である。だから妓楼の種類というわけではないが、古くはこの張見世の構造によって、その店の大小、格式が知れたものだといわれ、近代では一流の大店では張見世はしなかった。

由来「張見世」は見世付妓のいる妓楼、つまり居稼の娼家に行われたことだったが、大正五年に東京の妓楼ではすべて張見世は禁止されて、写真見世や蔭見世制になった。

江戸時代の張見世には形式があったし、見世を張る妓は付廻し（散茶見世）以下の妓だったから、また「張見世女郎」との称もあった。『売春婦異名集』の「張見世女郎」の条には、

近世吉原遊廓の店頭に居並びて、客を引きし小店の女郎をいえり。大店中店の妓楼にては遊女は張見世をなさしめず、これを「まがき女郎」といいしに対する語、店に出張りて客を迎うる女郎の事なり。

といっている。

張見世は妓楼の表に面した広い座敷に行われ（商家の見世、ショウウィンド）、荒い格子窓から内部がよく見えるようになっていた。この部屋の奥に通ずる背後、つまり表通りから見て正面は「あと尻」といって、襖に極彩色の絵などが描かれ、座敷を立派に見せるように作られていたのであり、その前に赤い毛氈が敷かれ、ここには上妓が座る（明治の末にはただ雑然と妓の留り部屋のようになったのが多かった）。

左右は花莫座敷で座敷持、部屋持、新造級の妓の順で、格子際まで居並んだのである。

格子見世の夜景

葛飾於栄画という傑作。江戸の張見世風景を描いた洋画風の筆致が珍しい。

格子見世　明治の吉原（記念絵葉書所蔵）

張見世は要するに営業開店を意味するものだから、明暦以後、新吉原になって夜見世が許され、昼夜営業ということになると、昼夜張見世が行われた。昼は正午から四時まで、夜は日没から十二時まで、一日二回だった。その間は見世に出て客を引かねばならなかったのである。

夜の十二時になると「引け四ツ」の拍子木を合図にこの見世を終るのだが、ここでは実物を展示して、客に見立てさせ買ってもらうわけだから、売り切れるまで長い時間見世を張るのである。それでも売れ残ると、その妓は「お茶をひく」ことになって成績が出ないわけだった。

妓が張見世に出るときには、合図の「鈴」「拍子木」「すががき」などによって出場した。『花柳通誌』に「見世出しの鈴」とあるのもこれで、「すががき」は〝清掻〟、〝繁絃〟その他の文字があるように、調子のよい賑やかな三味線の曲なのである。今も歌舞伎の舞台で吉原の情景を表わす場面にはよく用いられる曲がそれである。『守貞謾稿』には、

毎夕夜見世に出る初め、三絃番の新造繁絃す。号して「すががき」という。これを期として衆妓見世に出る。けだし内芸者ある家は芸者の所作とす。

といい、これは「夜見世すががき」と称せられて、夜ばかりに限られたというが、後年、昼見世はやめになったからだろうが、最初は昼夜とも弾かれたのである。

この「すががき」は新吉原時代から明治五年まで行われてきた。そして唄のつかない曲ばかりの三絃だというが、元来は唄の合の手の曲だったという。安永のころまでは、夜見世の新造が思い思いにうたったり弾いたりしたのを、誰々は声がいいとか、節がうまいなどといって、見世のつくのを待ちかねて格子先へ人々が聞きに来たものだったという。そこで店を張る時刻となり、縁起棚の鈴を鳴らすのを合図にすががきを弾き

始め、妓が順次並ぶまで弾いているのである。弾き役は内芸妓か新造妓の役となっていた。

さて張見世の妓のうちから、客は妓を選定して買うのだが、これを「見立て」という。もしそうでなく登楼してから「ヤリテ」に適当な妓を一任する場合もある。

ある遊里で、客が誰でもよいから売れ残りの妓を呼んでくれといってあがった。そして出て来た妓はいわゆる美人型では決してないが、締った肉付のいい若い妓だった。遊んで見ると商売気のない率直な妓で、たいして愛嬌もふりまかないが、その肉体と物のよさは素晴らしいものだった。話を聞いて見ると、成績はいつも終りから二三位で売れが悪いのだが、好かぬ相手だと二度と来ないようにフルからだろうと自身いっていた。

道家斉一郎著の『売春婦論考』（一九二八年刊）には、売れっ妓の原因を列記しているが、よく売れるのは泣き女に帯解きの妓の順だとある。寛政の洒落本『部屋三味線』では、〝今は床よしでなくては流行りません〟とて、一は顔、二に床、三に手、といっている。

それにしても、張見世は江戸後期の庶民時代には、吉原をいっそう楽しいものとした。そして必ずしも登楼客に限らず、吉原見物の客で賑やかなものにしていた。

〝相惚れは額へ格子の跡がつき〟

惚れた馴染み妓との口説に、思わず格子に押しつけた額にいつしか力が入って、額に格子の跡がついたとの滑稽句なのである。格子の間から妓が吸付たばこを客に出して喜ばせ、中には巧みに煙管の雁首で客の袖をからみ、離さない者もあった。ビゴーの絵には格子から客をとらえて離さない女郎の腕が、棒のように長く伸びている漫画があるが、安女郎屋の張見世には、そんな情景も珍しくはなかった。

見世をつけるとは私娼家にもいわれていたし、近代の「かい屋」の妓などもそういっていた。江戸時代の品川遊里の張見世にはとくに「杉戸」の異名があった。品川遊里は元来飯盛はたご屋として許可された遊里だが、実質的には吉原に劣らぬ立派な女郎屋となっていた。だが俗に「品川見世」とも呼ばれて、あと尻の襖の左か右には必ず杉戸があり、下妓はその前に座るのを例としたから、「杉戸」の称は品川女郎を表わす代名詞となっていたのである。

蔭見世と写真見世

大正五年（一九一六）七月、警視庁令で管下の遊廓の貸座敷における「張見世」を禁止した。女郎が店頭に顔を晒し娼業を行うのは醜業の宣伝であり、感心したことではないし、それをやらせるのは人権を無視した惨酷な所為だとの理由によるものだった。

それからは見世には妓の写真だけを掲げる「写真見世」となったのだが、それより以前、明治十年七月には京都島原遊廓が写真見世となった。かくて写真見世となってからは、店頭には大写しの顔写真を額などに入れ、その下に名を書いて置き、妓は姿を見せず奥の溜り場にいる「蔭見世」となったのが多い。

昭和の初めごろ、福島県飯坂遊廓では、夕方になると表通りの格子窓を明けたから、張見世でなくとも広間に群っている盛装の妓が眺められた。また同じころ、仙台の遊廓でも夕方になると表見世の障子を取払い、そこには妓が群がっていた。

戦前の広島、呉の遊廓では見世の土間には写真が出ているけれども、正面の奥に通じる出入口を入ると、玄関の脇にも奥への土間の通路があり、その片側に広間がある。そして屋内へ上がらなくとも、そこの大きな窓から広間の内部が眺められ、はるか彼方の正面には一段高い雛段のような席が設けられていて、盛装の妓が居並んでいた。近寄って話し合えないが、見世で見た写真の実物をここで確認できるわけだった。

岡山遊廓乙部の娼家では、写真の飾られた店から、暖簾を一つくぐって奥に入ると、そこが広い玄関の板張廊下になるが、その傍の一室が妓の溜り場といった「蔭見世」、しかしのれんから中に入って来た客は強引に勧誘しても差し支えない制度となっていたから、この廊下には長襦袢姿などの妓が競って出て来て、客の手をとり帯をとらえなどして屋内に引き上げるのだった。

熊本県二本木遊廓では、玄関をあがった次の広間が妓の溜り場になっているのがあった。

『全国遊廓案内』に記されているある地方では、土地の若い者は履物を持って勝手に屋内に入り、奥の溜り場にいる妓を見て撰択するというのもあった。

このように見世を張らず、奥に妓のいるのが「蔭見世」なのであるが、所詮は顔を見せねば売れなかったのである。娼婦に対してさまざまな未知の人々に顔を晒す羞恥の思いやりは、要するに常人の場合の常識的な考えなのであって、すでに売春を業とする者が稼ぐためにはそうしなければ商売にならなかったのであるし、現代女性が自ら裸体に近い水着姿で、大衆の前に姿を現わす社会風俗などを見るとき、羞恥の問題はもっと考えねばならぬことかも知れない。

『世俗奇談』には、安永三年ごろの新宿のことを記して、
かげ見世は美服を着し、紅粉のよそおい、あたかも吉原におとらぬ春花を置きたり。

とあるが、これが本来の蔭見世だったのである。

江戸の四宿は飯盛はたご屋の名目で許可され、この地は全部で百五十人の妓を限り認められていた。しかも妓の服装は木綿衣とし、華美贅沢は禁じられた。ところがこの制限以上の妓を見世に出して置くわけには

いかないので、余分の妓は「蔭見世」とて、奥に控えさせてあった。だから姿も美しく着飾って、化粧もしていられたというわけなのである。隠された妓のいる店との意で、蔭見世の称は以前からあった。

切符見世

これは均一制の「遊興券」を発行して遊ばせた見世のことである。

明治も半ばを過ぎたころには、廓もあまり振わなくなっていた。それでも大店などは従来からの格式を重んじ、上客でなければ遊ぶところではないように考えていた。しかし文明開化で今や四民平等、階級打破の時代となったのであるから、もっと平民的で実利本位にならなければいけなかった。これは妓楼とて同じことで、そうした意見は折々出ていたのであった。

ところが明治三十六年十一月、突如として揚屋町の品川楼がこの「切符見世」に踏み切り、酒肴付揚代共金一円五十銭で実施した。以来大小各店でもこれに倣って切符見世が始まったのであるが、

御遊興券、一金何円也、御一名分酒肴付、前記金額正に領収仕候、年月日、楼名。

といったような木版刷の紙片に受取印を捺したもので、それを入口で買って登楼すると、二階で受取って遊ばせたのである。お定まり料金で誰でも気軽に登楼出来るようにしたわけだが、さらに中銭の不安をもたぬようにとて、券の欄外には、祝儀、釣銭の貰いを全廃す、とも書いた。

そういっても遊客は遊びに行くのだから、そのくらいのことは惜しまないし、格好もつかないので、とくに関係はなかったろう。それにこれは楼主の利益となるものではなく、もともと妓夫や、ヤリテの所得となるものだったから、与えねば待遇が冷やかになるのは自然の人情だったろう。

妓としても、こうなると、もはやまったくの肉の切売りで、意地も張りも妓品も認められない思いだったから、ますます品位の下落を招く結果となった。

大正年間には新宿の妓楼で、青券、赤券などと、汽車の切符のような等級別均一料金で遊興させ、広場で妓とダンスをさせたことがあった。その他でも近代はだいたい何種かの「おきまり」料金で、その区別によって待遇のきまっている方法が行われるようになった。

仮宅

江戸の遊女屋営業は吉原に限られていた。この原則を破って別の場所に遊女屋も遊女も一緒に、仮の営業を許可したのが「仮宅営業」だった。

明暦二年、吉原遊廓はいよいよ浅草千束の新吉原に地所替えが決定し、翌三年春には移転するところであったが、この正月十八日の朝、本郷丸山の本妙寺から出火、俗にいう「振袖火事」でこのときの焼死者、実に十万七千人と称せられる大火となった。そのため新吉原への移転にも支障をきたし、六月十五日から八月十四日まで六十日間、吉原の建築が出来上るまでということで、初めて今戸、山谷、鳥越の地に仮営業を許可された。これが吉原の仮宅の最初だった。そこでさっそくに土地の農家、町家を借り受けて、それぞれ改装して遊女屋を開設した。

仮宅は「借宅」と書いている書もあり、これは「かりたく」というのが本当らしい。

その後は吉原が大火に逢う度毎に諸所に地域を指定して「仮宅」が出来たが――吉原の火災年表、仮宅営業年表は『日本遊里史』その他諸書に掲げられている――仮宅営業は吉原の遊女屋にとっては、かえって案外繁昌して利益が多かったので、むしろ喜ばれていたりした。中には土地の農家などと予約しておいて、すぐさまそこを借りられるようにしていたのもあったし、または仮宅地には別に家を建てていたのもあったという。

仮宅営業の錦絵は案外少ないが、『安政見聞録』にはその情景を描いた挿画が載っている。とにかく、仮の見世とて粗末であるし、乱雑で通りから見世の中が見えたり、町家の町中に遊女屋があることで一般の見物人が出掛けるもあり、若い者は近所に出来たこと故しばしば行くといった具合で大いに賑ったのである。

武家の遊客などが「編笠」をかぶってこの遊里を歩くのも、仮宅が始まって以後の風俗だったし、今戸では仮宅撤去後にもこの遊女姿の泥人形を作って売り、後には「姉さま人形」など呼ばれて江戸土産の一つになったのである。

仮宅営業の場所はその都度定められるわけだが、だいたいはきまった同一場所だった。

山谷、今戸、山の宿、聖天町、花川戸、田町、馬道、並木、東西仲町、田原町、三の輪、中洲、本所入江町、長岡町、松井町、深川常盤町、松村町、永代寺門前、仲町、山本町、東仲町、佃町。

などであり、仮宅期間は次第に長くなり、文久二年には七百日間、深川黒江町、仲町、山本町、本所一つ目の地に許され、慶応二年には深川八幡前、山本町、仲町、黒江町の仮宅は二年間となっている。ことに安政から慶応の間は火災が多く、ほとんど仮宅営業だったから、慶応二年には深川門前町の者から、同地に永久営業の許可を申し出て、もしも許可されるなら毎年一万両ずつを冥加金として上納するとさえいったのだが、これはついに許可にはならなかった。

と遊里
災禍の地獄相を描いて、類の少ない珍しい絵である。

安政地震
深川仲町仮宅の混乱という艶本風の絵だが、歓楽の世界と

寛政六年四月の仮宅営業取締の令では、
一、遊女共衣類同立候品一切着せ申間敷候。
一、遊女禿共仮宅家前たりとも、往来へは一切不差出、外と向き猥褻に徘徊為致申間敷候。
但家内たりとも二階並窓等へ差置候様成儀、往来の者見物とて足を留候様成儀、為致間敷候。
一、音曲等仰山成儀致申間敷候。
一、廓内と違い、外町に差置候内は、別て不依何事、万端大造に無之様相心得商売可致候。
といっているし、同じような趣旨の令は各仮宅毎に申し渡されていたのであるが、実際はあまり守られていない。そして明治六年以後仮宅のことはなくなってしまった。

台屋

台の物といえば遊里の宴席に出た大きな台に飾り立てた料理のことで、これは「台屋」と呼ばれた仕出し屋から取寄せたのである。川柳ではこの台の物屋の通称「喜の字屋」の名がよく使われているが、吉原仲之町の台屋喜右衛門のことから起った称といわれる。
『川柳辞彙』には台の物屋というのは料理仕出し屋のことといい、『古今吉原大全』には、
享保の朱、中之町に喜右衛門という者あり、元来小田原生れにて、身上も相応なるものなりしが、零落して吉原に入り、ここかしこに徘徊して居けり。もとより料理など巧者にしければ、ふと台の物屋をもいつきて、角町のかど鳴滝屋与右衛門といへる商人の家を買て世帯をもち、台肴等をこしらへける。めづらしき仕出しなりとて評判よく、喜の字が方へ肴とりに遣すべきなど云いはやしければ、自然とき

吉原の仮宅
仮宅の絵は案外に残っていない、ここには『安政見聞録』の国芳画を揚げた。

台屋　台屋と下足番の図（花街風俗志所蔵）

のじやと呼びならわしける。今はすべて台肴屋の家の名となりぬ。

と見えている。

京の遊里には「台お職」というのが近代の制度で行われていた。「お職女郎」とはその娼家で最高の流りっ妓で、玉代稼ぎ額の上位のものを「玉お職」と称したが、台の物の売れ高で上位の妓は「台お職」と称した。稼業の奨励策で、その成績を競わせたものと思われる。

女郎を「一夜妻」ともいい、遊客が登楼すると夫婦固めの盃事を行う風習があった。それが形式的な慣例となって近代にも伝えられているところがあった。それで台の物は大きな台の上に飾り物と一緒に料理を並べられたのであろうが、規定料金の遊びでは引付の部屋などでも、正式に遊女と相対して、そこに酒肴の台の物が出る。遊女は手をつけないのだが、形式的にもせよ定額料金のうちにそれまで含まれているのである。

島原遊廓の「かしの式」にも盃事の型を見せたが、戦後の吉原でショーとして昔の花魁風俗を見せたものにも、うちかけの豪華な正装の遊女が、客との盃事をやって見せ、また煙草盆を脇へ引きよせて長煙管で吸付たばこを供する情景などがある。しかし台の物はその料理の方である。

『通人必携』にも由来の説明があり、

享保の末、仲の町に喜右衛門というものあり、元来小田原町の産にてありければ料理など巧手にしけるにより、不図台の物屋を思いつき、角町の角へ店を出せしに珍しき仕出なりとて評判よく、喜の字の方へ肴を取りにつかわすべしなど云はやし自然と喜の宇屋と呼びならわしける。今はすべて台屋の家名に呼ぶこととはなりぬ。

とあり、「きの字屋」の称もあること、川柳などにも句が多い。

吉原の朝帰り客がよく食事をした上野の「揚出し」のこと、吉原土手に並んでいた「けとばし屋（馬肉鍋屋）」のことなどもあるが、馬肉鍋は瘡毒予防になるといわれて、この店は繁昌していた。

台屋細見〔明治三十八年三月二十日調〕（『花街風俗志』より）

日本堤　牛肉（石勝、いろは）。

五十間町　鳥肉、親子丼（大芳）、そば（平松屋）。

仲ノ町　鰻、鮨、鳥肉、親子丼（万金）、そば（大村）。

江戸町一丁目　きの字屋（大善）、同（天斧）、鮨（紅梅鮨）、同釜飯（浜寿司）、天麩羅、鳥肉（天清）、水菓子（相万）、茶飯（小泉）。

江戸町二丁目　きの字屋（八百三）、きの字屋（大慶）、鮨、蛤鍋（蛤屋）。

伏見町（俚俗）　菓子（二葉屋）、鮨（旭ずし）、そば（結城屋）、西洋料理（吉原亭）。

角　町　きの字屋（大清）、きの字屋（魚藤）、天ぷら（鯉梅）、鰻、鰌、鳥肉（相川）、同（サ慶）、鮨（鯉ずし）、同（中ずし）、菓子（高岡）、豆腐（湯豆腐）。

揚屋町　きの字屋（鯉松）、鰻、鰌（大常）、そば（升尾張）。

京町一丁目　きの字屋（金子）、同（本郷）、同（初音）、鰻、鮨、鳥肉（梅川）、鮨（近長鮨）、同（日出）、菓子（尾張屋）、水菓子（桃太郎）、そば（三河屋）、西洋料理（三河屋）。

京町二丁目　きの字屋（浜田）、鰻、鰌、鳥肉、牛肉（大万）、鰻、鰌、鳥肉（相亀）、そば（浜名屋）、菓子（小松屋）。

茶屋の歴史

娼婦との遊びは、大略自家に客をとるものと、妓が他の場所へ出向いて稼ぐものとに分けられるだろう。いい換えると見世付の妓と呼び出しの妓ということにもなり、この見世が「娼家」であり、他の遊び家が「茶屋」となる。

こうした名称と実態とは今も古い伝説を襲いだ遊びの制度が行われている京阪の場合に、それがよくわかるだろう。

茶屋略史

茶屋はもと、路傍に見世を出して旅人を休息させ、渋茶などを供して茶代を得ていた営業で、現今の「喫茶店」の元祖なのである。それが追々に進化して、女を看板に客を引いた「水茶屋」となり、料理茶屋、待合茶屋、遊び茶屋、色茶屋、泊り茶屋などに分化したのである。そこでこれまで茶屋の称を呼ばれてきた主なるものを拾って見ると、

①休み茶屋、掛茶屋、出茶屋、水茶屋、立場茶屋。

②料理茶屋、会席茶屋、振舞茶屋、留守居茶屋、突伏茶屋。

③揚屋茶屋、呼出茶屋、本茶屋、天神茶屋、一現茶屋。踊子茶屋、遊び茶屋。

④待合茶屋、立会茶屋、出合茶屋。

⑤色茶屋、茶屋小屋、転び茶屋、だるま茶屋、曰く茶屋、曖昧茶屋、猫茶屋、前出茶屋、盆茶屋、かげ

ま茶屋。

⑥泊り茶屋

⑦案内茶屋、引手茶屋、切手茶屋、編笠茶屋、送り茶屋。

などがある。ことに遊里関係の茶屋は②以下であるが、⑤の色茶屋は私娼家の別称である。俗に誰彼を選ばず安物買をする道楽を、茶屋小屋遊びというが、この「茶屋小屋」というのは社寺の境内にあった水茶屋の類だが、娼婦のいた色茶屋だった。

「泊り茶屋」は天保十四年（一八四三）大阪道頓堀の飯盛はたご屋を改称してかく呼んだのであるが、文化文政度、街道各宿駅の旅籠屋はほとんど「飯盛はたご」として、まったくの私娼家と異ならない有様となったから、大阪では道頓堀その他二ヵ所を指定して、その地域だけにこれを許した。しかし、その後、諸所に飯盛はたご屋が増えていったので、指定地のものはこれを「泊り茶屋」と改称したのである。よってこれは茶屋といっても旅籠屋なのであり、茶屋と旅宿との関連を示す好個の例ともなる。

営業としての旅宿、「はたご屋」が出現したのは、江戸時代になってからだいぶ後のことなのである。そして茶見世は旅人の一時の休息所、旅籠屋は旅人の宿泊する家で、同一系統のものといえるのである。

近代においても東京方面では「料理屋」と通称しているが、京阪ではもっぱら「お茶屋」と呼び、さらには遊び茶屋の「貸席」の称ともなっている。

「色茶屋」との称は、『好色旅日記』や近松の『心中一枚絵草紙』などにも出てくるが、後年には主として私娼家、密娼家にいわれている。また古語には情事を「わけ」と呼んでいたことは西鶴や近松の諸書に出てきて、遊里を「わけ里」といい、色茶屋と同義の称に「わけ茶屋」などともいった。

昭和の初めごろ、東北福島の市内に「御料理」または「小料理」と看板に書いている家があった。なるほど大衆食堂とは少し構えが違うような飲食店だが、昼間見ると、きわめて淋しい店で客の姿も見えない。だが実は、これは怪しげな女のいる私娼家だった。そして普通の料理屋には必ず看板に割烹店と記されていた。

江戸時代の上野山下は「けころ店」で知られていたのだが、またこの近くには「前出茶屋」があったといわれている。道路に向いた店先に長火鉢を置き、かたわらに長煙管を持ち、立膝の妓が座し、通行の客を物色してねずみ鳴きなどで呼び込むのであるが、そうした媚態の間にときおりは膝を崩して展開したというのである。

一九作『東海道中膝栗毛』鳴海の宿で、名物鳴海紋を売っている店に、内儀が一人立膝で座っているのを見た弥次喜多、ことによったら内儀の膝が崩れて覗けるかも知れないと、妙な気を起して立寄り、あれこれと品物を出させて見たので、ついに入用でもない反物を買ってしまう話があるが、戦後には東京の池袋近くでの飲み屋で、奥には座って飲める簡単な小座敷があった。襖もないが横に長い卓子を置き、夕方以後にはその向う側にこの家の女将が現われて客に酌をすることがあった。中年増でなかなか色っぽいところがある。いつもきまって和服姿、しかも客に酌をするとき、必ず立膝で座り、相手をしているうちに、ときおりは出すこともあるとの評判が立って、この店は大いに繁昌した。だがどうやらこの女将が現われるのは、客の入りに関係があるらしく、予定の売上げに達しないときに、女将が出てサービスをするのだったともいう。これなども昔の商法と同様な考案だった。

待合茶屋

戦後「待合」茶屋は風俗営業として取締を受ける業種となっているが、花街構成の一要素をなしている。東京で待合、引手茶屋に初めて月税を課するようになったのは明治八年だったが、客が待合に宿泊することが流行し始めたのもこのころからだったという。

それらのことから推察しても、この時代にはまた芸者の売色が盛んになったようである。そういえば明治三年、茶屋町の待合は浅草芸者の売春宿となっていたと書いている書もあるし、明治九年八月には諸所で待合の検挙が行われたのであった。

明治初期にはかつての勤王の志士らが維新政府の要人となり、大いに羽振りをきかせていたから、これに取入って利権を得ようとする商人がしばしば待合を利用したが、またいわゆる待合政治とて高官が政策の密議をこらすにも待合が用いられていたのである。したがってこのころには、芸者も今までとは違った意味で繁昌したし、待合も新しい意味での存在を確立したといえる。

江戸時代には岡場所の遊び茶屋のほかに、上野不忍池畔には有名な「出会茶屋」というのがあった。出会とは男女の逢引のことで、不忍池の弁天社に行く途中、池に突き出して建てられていた茶屋がそれで、「池の茶屋」とも「蓮茶屋」とも呼ばれていた。川柳に〝池の名に背向いて蓮の茶屋を借り〟、〝おそろしくしたと掃き出す出会茶屋〟とあり、素人の逢引に利用されていた。

近代京都の宮川町辺には「盆屋」と称せられた安待合があり、連込みの客が行くと女中が部屋に案内し、煙草盆と座布団があるくらいで何もないが、それっきりで誰も顔を出さず、客だけが勝手に用を済ませて帰

茶屋女（『砂払』所蔵）

こんにゃく島の茶屋女。水茶屋が後に市中居付の見世となり、漸次私娼家化した。この看板に「ひきてや」とあり、お休みどころと記されている。

鈴木春信画　お仙の茶屋

ればよいといったところだった。

『日本遊里史』の大阪の遊所の条にも連込みが多かったいわゆる「ぼんや」であるとて、この名が見えるけれども、宮武外骨の『売春婦異名集』には、『商安澄信翁筆寵』を引用して、

茶見世あり、客人床几にかけると、女前垂して茶を持出る。その女を買う也。この茶店は今のぼん茶屋なり。

といい、もとは茶汲女のいた色茶屋だったのであり、盆屋の名もそこから起ったのだった。そしてこれは文化の末ごろに大阪に発生した連込宿の「小宿」とともに、嘉永四年（一八五一）に禁止されたことがある。

大正年間、東京の十二階下の魔窟が当局の大弾圧を受けてついに潰滅したとき、ここの飼屋と私娼は、その後「造花屋」や「絵葉屋」などに姿を変え、ひそかに客を引いていたものもあったが、当時この近くの素人屋風の家で、二階の窓に「貸間」札を出しているのがあった。その貸間札が二、三日無くなることもあったが、また現われて容易にふさがらなかった。だがそれもそのはず、貸間を借りに訪ねると女が出て来て二階の部屋に案内するのだが、ここが例の銘酒屋女の新しい稼ぎ場所だったのである。あるいは連込み客への貸間だったから、借り契約も二、三日ぐらいのものだった。そこで知っている者は、この窓の貸間札を見て訪れたという。

銘酒屋女のなれのはての類に対するこれも一種の私設待合風のものだったのである。そういえば戦後に青線を追われた妓や、弾圧された街娼の中には、後に市中のアパートなどを一時借りにして、時間で部屋代を支払ったのもあったといい、これと同様な形態が行われたことがあった。

昭和五、六年ころには、カフェーの女給が流行して花街の待合が不況になった。その当時一部の安待合で

は盛んに新聞広告などして、

特遊！ 八円で万事ＯＫ

といったいわゆる「特遊」の宣伝をしたが、間もなくこれは禁止されてしまった。そのころ安待合でも芸者を呼んで泊るとなると、夜の十一時から泊りの玉代だけと待合の費用で、どんなにしても十五、六円はかかった。特遊は泊りではなく一時間ほどの遊びだけなのだが、玉代のほかに酒一本、お通しもの一品、それに待合の貸料とで八円だというのだから安い。

特遊、万事互縁。

とて、やがて五円の家も現われた。

さらにいわゆる「円宿」が流行し始めると、待合といっても裏通りの素人家風の二階建のような家で、「円妓」との遊びをさせる家が出現した。ちょんまの玉代一円というものだが、実は芸妓と名乗っても魔窟の妓などと特約があって廻して寄こすのだったという。

待合は席貸しで、料理は料理屋などから取寄せて供するのが一般である。

芸妓は三業事務所を通じて呼ぶが、客に馴染の妓のない場合には適当なのを見立て呼ばねばならぬ。初めての客の場合などには、女中がどんな妓が希望か客の意向を確かめ、「枕のきく妓」がよいのかをも尋ねる。そしてその客に手ごろの妓を呼ぶわけだが、それには、あらかじめ妓の「特別祝儀」つまり枕席料金の額も知っておかねばならない。このことについては、それぞれの妓がこの花街で働くようになった場合、置屋の姐さん芸者に連れられて「お披露目廻り」をする。待合にも挨拶廻りに来るのだが、手拭包みに妓の名を書き、裏には特別祝儀の値段などを記したという。それによって待合の女将も客に請求することになり、そのときの一切の勘定を受取って後から精算して、妓への支払分は支払日にまとめて精算することになるのである。妓の「身上り」遊びの勘定は待合の立替ということで精算されるし、特別祝儀の伝票には待合への歩割金などがつく。

引手茶屋

『落穂集』には、

吉原の中一筋の通りを中通りと名づけ、この筋に表にかまどを出し茶釜をかけ置き、入り来る客に茶を売った、是を茶屋と申した。

との意味の記載がある。この吉原はいわゆる庄司甚内が開設した元和四年の吉原遊廓以前にあったという異説吉原のものである。とにかく昔「茶屋」といえば、こうした休息の水茶屋だったと思われる。

元和の吉原遊廓の当時は、みな「揚屋茶屋」に遊女を招んで遊んだので、遊女の置屋なり住居は別にあったのだから、これを娼家とは後年の観念からすればいえないことだった。そして遊客も、元和五ヵ条で遊女の町売りが禁じられたから、その代りに揚屋茶屋へ出掛けて来たわけである。京阪では永くこの伝統を伝えて、妓を茶屋へ呼ぶ制度が行われてきたが、茶屋へ呼ばれて来る妓は「送り込み」といって、上妓だったのである。

江戸の吉原では、しかし、宝暦十年（一七六〇）ころにはこの揚屋茶屋は、まったく廃れてなくなった。それは見世付妓が出来て遊びが簡単になり、遊客は直接その店へ行って遊ぶことになったからである。このように遊女のいる家へ遊客が直接出掛けて遊んだ形態は、古くからあったことで、それを「遊女屋」といい、いわゆる娼家だったのである。

その間「編笠茶屋」というのが出現したが、明暦三年の大火で吉原の遊女屋が一時山谷、今戸、鳥越辺に仮宅営業をしたとき、これが人気を呼んで見物人なども押し掛けて賑った。廓と違って市中に仮に作られたのだから、武家などは編笠で顔を隠すようにして歩いた。

この風俗が広まって、吉原通いの船の上でもかぶったけれども、元禄、享保と過ぎ、元文のころには途中ではかぶらず、廓の中だけでかぶったため、大門土手下に編笠を貸す「編笠茶屋」が出来た。この笠に茶屋の焼印が押してあったのは、貸笠の印だったかも知れないが、船宿でも貸編笠を扱ったから、この茶屋は一種の案内茶屋でもあった。

その他「切手茶屋」などいうものもあったが、揚屋茶屋が廃れた宝暦以後は、もっぱら「引手茶屋」となり、それが明治、大正でも引続き存在した。『守貞謾稿』には、

茶屋には双枕を許さず、芸者をあげ酒宴を許す。女郎も茶屋まで送迎する也。宴の席には侍座するのみ、仲ノ町七軒の茶屋を第一とす。酒肴の価を名づけて送りと云、妓院の送迎の料とする也。七軒の茶屋送り料一客一分、その他仲ノ町の茶屋送り二朱づつ也。七軒は大門内右の七戸を云、仲ノ町及び揚屋町の茶屋凡そ百二十戸あり云々。

とある。明和のころ初めて「呼出女郎」の名が現われ、寛政以後はこれが最上妓となった。

明治・大正の「引手茶屋」は一流の大店への案内茶屋となり、吉原三業の娼妓、貸座敷、引手茶屋は廓構成の三要素だった。明治八年にはこの引手茶屋と妓楼との間に、客引と手数料の問題で紛争が起ったことがあるが、吉原の不況の折にも引手茶屋は上客を得意に持つとの点で、鼻息が荒かったためである。

東京府が待合、引手茶屋に初めて月税を課するようになったのも、明治八年一月八日のことだった。それだけに茶屋が認められて来たわけだし、利益をあげていたからだった。

明治二十年五月には、警察令第十二号で貸座敷、引手茶屋には店頭に営業者の住所氏名の看板（巾七寸、竪三尺）を掲げさせることとしたが、さらに明治三十三年には、

一、指定地外の貸座敷引手茶屋が営業に必要な家屋に制限を設け、他人の目をひくべき装置を為し、又は三階以上の建築を禁ずること。

一、貸座敷引手茶屋はその営業地に於て料理店芸妓屋を兼業することを得ないこと。

一、指定地以外の貸座敷引手茶屋は、その家号又は楼名を記した看板又は標燈その他外観を装う燈火を街頭又は街路に面した場所に掲ぐることは出来ないこと。

一、未成年者には遊興をさせてはならないこと。

一、貸座敷引手茶屋娼妓の使役する雇入の規定を改め、一定の雇人簿を各自に携帯させること。

との発令を行ったので、料理飲食店、芸妓屋の兼業が禁じられ、二階以上の建築が許されなくなり、遊客の年令がそれまでは十六歳未満の者の遊興を禁じていたのが、未成年者は遊べないと、一年齢の引上げが行われたのである。

『全国遊廓案内』（一九三〇年刊）が吉原遊廓の引手茶屋について記している部分を次に抜萃して見るが、これは昭和初期の状況を示したものである。

客が直接楼へあがった場合以外、もしも引手茶屋から貸座敷へ繰込むとすれば、茶屋の席料はとらないが、案内料として一円とられる。外に台の物に対して三割五分が茶屋の収入になっている。

東京の引手茶屋へは芸妓は呼べるけれども娼妓は呼べない。娼妓をあげるにはどうしても貸座敷へ行かねばならない。案内料というのは茶屋から貸座敷へ案内する手数料のことである。ところで茶屋から貸座敷へ送り込んだ客の勘定は、すべて茶屋が責任をもつことになっているので、茶屋としては決して振りの客はとらないことになっている。従って引手茶屋へあがるには、旅館か知人の紹介が必要である。

廓内には芸妓が大小約百五十人程いるから、茶屋でなくとも貸座敷の方へ直接芸妓を呼ぶことも出来る。芸妓は二時間が一と座敷として、玉、祝儀、箱代ともで約四円である。

そこで、引手茶屋で一杯傾け、芸妓を呼んで景気をつけ、それから妓楼へ繰込む客が多かった。

昔はこのとき引手茶屋の男が案内に付添い、妓楼の遊女に引渡してから帰る。そして代金は後から茶屋の責任において立替となり、支払をしたなど種々のきまりがあった。

それから廓では正月の〆飾は引手茶屋など内側に向けて飾ったという奇習があり、これも縁起のためだったろう。

船宿

船宿というのは元来は船頭宿のことだった。

船遊びの遊船はだいぶ以前から行われ、涼み船とか花火見物の船とか後にはさまざま用いられて、だんだんに豪華な船が現われたので禁止されたこともある。

船宿には「川船宿」と「荷船宿」とがあり、屋形船は遊楽用、屋根船は遊楽および交通用、猪牙船は吉原通いの船だった。

船宿とちょき船

ちょき舟はキリギリス、勘当船などの別名もあった。浅草見付の柳橋が山谷通りのちょき船の発船場となっていた（『吉原大雑書』）。吉原街道の第１号国道とでもいうのは、陸路ではなく、この船路によるものであった。和泉橋などの横川からちょき船で出て、吾妻橋から山谷掘りへ出る道筋であった。

吉原通いに船を用いるようになったのは、寛文のころ一時「町駕籠」を禁じられたことがあったので、その後元禄ごろから船を用いる者が多くなった。吉原通いの船宿は柳橋や山谷堀の川岸に軒を並べて存在し、遊客はここに来て身仕度を整え、船を出してもらって廓への往復をしたのである。『川柳辞彙』の記載によると、

柳橋は浅草橋の下、大川へ出る川口の橋で、またその橋の付近一帯もこう呼ばれている。山谷通いの猪牙船を出した船宿の多くあったところで、ここがまた紅灯緑酒の巷となったのは弘化以降である。

とあり、

山谷堀は日本堤の外側を東に流れ、真乳山の麓から隅田川へ注ぐ堀で、船宿はこの堀の入口の今戸橋の南北、また上流の山谷橋から土手の方にもあって、宝暦の末には五十軒ほどあった。

という。その他の船宿も含めて『東都歳時記』には百六十七軒あったといい、『守貞謾稿』には文化のころは六百軒あり、ことに多かったのは同朋町河岸、箱崎、今戸等だったといっている。

吉原に「編笠茶屋」が出来たときには、船宿でも編笠を貸し、遊客は船に乗ってかぶったといわれるが、とにかく船宿の軒端にはその後も永く目印のように編笠が吊されていたのである。

また深川の岡場所が盛んになったころには、船宿も繁昌し、深川遊里の引手茶屋ともなった。そのため船宿でも客に酒肴を出し、酌女がいたし、岡場所の芸者たちも出入りするようになった。そして船に芸者も乗せて川遊びもした。

風俗としてはこの船宿の女将だけは、以前から女ながらも羽織を着た風習があった。また明治以後、花街の五業組合にこれらの船宿が含まれていたのは、このような歴史をもっていたからである。大阪の船宿は、これを「茶船屋」と呼んでいた。

吉原通いの猪牙船は「山谷舟」ともいい、細身の快速舟だったので猪牙《ちょき》の名があるが、これにも諸説がある。『英対談語』序には、

両国の笠屋利兵衛という人と、浅草御門の外河岸なる玉屋勘兵衛という人が造らせ、初めて客を乗せ、元押送りの長吉船より思付たる舟なれば長吉舟というべきを略してちょきと呼びならわし云々。

といっているが、『八水随筆』には、

山谷舟をちょきということ、そのかみ二挺立のはやりし頃、専ら乗りし船頭を長吉といいしが、二挺立禁止の後もこれが船は格別早かりし故、人々長吉をもてはやし、後は名目になりて、長の字つめて、ちょ、吉の字を略して、き、合せてちょきとよびしとなり。

『通人必携』には、

猪牙を山谷船というは、昔山谷の宿に仮宅ありし頃いいふらせし名なり。「散茶船」というは女郎買船というとか、古へは二挺立、三挺立とてありしが、暫らくして止ぬ。

といっている。

ちょき船は明暦ころに始まり、吉原通いに喜ばれたが、深川遊びにも用いられるようになった。遊船は寛文頃に流行、町かご禁止により元禄ころから吉原通いなどに多く用いられ出した。天和二年（一六八二）に大船の禁止令が出た。宝永三年（一七〇六）には百艘に限られ、宝暦には六十艘、文化ころには二十艘に減った。

永代橋が架設されたのは元禄九年（一六九六）、これによって深川は次第に繁昌しだした。

享保十八年（一七三三）、両国の「川開き」のことが定められ、毎年五月二十八日から八月二十八日まで、

川遊びが盛んになった。

岡場所の全盛期は安永四年（一七七五）ころといわれている。

安永三年（一七七四）十月十日、吾妻橋が出来、渡り初めは十七日と『武江年表』にあり。橋の名を宮戸橋、または吾妻橋ということだったが、高札には大川橋といわれていた。

これらは船宿及び吉原通いに関連しての参考記事である。

チャブ屋

慶応元年九月、横浜の外人居留地における山手遊歩場の新道開通とともに、そこに十三ヵ所の休憩所を設け、外人専門の簡便なバーを開設した。これがチャブ屋の濫觴だったと『横浜市史稿』（昭和七年）にはいっている。『隠語集覧』に、

ちゃぶ。売春婦、東京、横浜地方に於て密淫売の媒介をなすの疑いある曖昧の飲食店をチャブ屋と称するより出づ。

とあり、『西城探険日誌』には、

食を南清音にてチャという。チャバーとは食飯のことなり、チャバーがチャブと転じ、横浜あたりにチャブ屋の名称起りしなり。

と見える。簡便な飲食店で私娼のいた曖昧屋が現われたのである。

このころ「チョンキナ踊り」とか「チョンヌゲ遊び」などが流行し、これらの家でも女相手に行われたらしい。チョンキナ、チョンキナの唄に合わせて狐拳をやり、負けるたびに身につけた持物を一つ一つ場に捨

て、ついには帯を解き、下帯までとって丸裸になるまで勝負を競った。

そのころ、横浜の外人専門遊廓では「一夜送り」制度とて、異人館へ遊女を出張させたりしたが、その他、いわゆる「らしゃめん」の洋妾もあり、素人娘を斡旋する者などによって、素人の売春行為者と常習売春婦との区別がまったくわからなくなった。その他にも、とにかく私娼が増えたことは事実だったから、それらの事情から、明治二年、チャブ屋も禁止されたけれども、もともと密娼家だっただけに、この禁止も実効はなかったらしい。

これが、大正・昭和にかけて、本牧、小港、大丸谷辺にいわゆる「本牧ホテル」として再び盛んになって来たのだった。名目はホテルだが踊って飲んで遊べたのである。そしてここの妓は女中ということで各自が部屋代を支払って住んでいる形になって、ビール一本八十銭で、それを飲めばホールで女と踊れたのだから、東京のカフェーやバーよりも面白いし、簡単に遊べた。交渉が出来ればすぐに別室に行き、ショートタイムとオールナイトの二種があった。それに、女たちは月二回ぐらいの休みには外出も自由だったので、馴染になると一緒に出掛けることも出来たという（これを見ると戦後のホテル売春も決して初めてのケースというわけではない）。

娼家の人々

妓夫と客引き

遊女の異名に狐というのがあり、遊客は狸、廓遊びでの情事は結局は狐と狸の化し合いだといい、花魁と

は狐でも客を化すかのに「尾は要らない」――尾無し狐だから「おいらん」といったのだとは落語の文句。『好色伊勢物語』には、

女郎の異名をうまという心は、人を乗せて過ぐるをいう意なりしとぞ。

とあり、「馬」の異名もあった。

そこで女郎屋の客引男のことは「牛」といった。「牛」（ぎう）とも「牛太郎」ともいったのであり、「妓夫」とも書く。妓夫の文字は明治になって出来た名という。

宝暦明和のころまで吉原通いの遊客は馬に乗った。その馬子が昔は遊女屋へ客を案内した客引だったのであって、駄賃のほかに遊女屋からも案内賃をもらったのであるが、もしもその客が遊び過ぎて遊興費に不足を生じたような場合には、金の工面先まで案内者の馬子を付けて受取にやったものだった。

すると馬子は再び客を馬に乗せて調達先まで付添って行ったので、遊里通言ではこのことを「付き馬」または馬を付けるといい、客の方では「引き馬」または馬を引いて来たなどといったのである。

川柳にも、〝向う見ず飛ばせた駕籠が馬になり〟、〝引き馬で大門を出るとんだ客〟などの句がある。後の句は制札に馬に乗ったままで廓内へ入るを禁ずとあるのにかけて、この客は馬を引いて大門から出るとの滑稽である。落語にも「付き馬」の話があるが、これは近代のことだから、男衆が歩いて一緒について来る。

それが後には馬でなくて「牛」になった。『洞房語園』には、

承応の頃ふきや町に泉風呂の弥兵衛という者ありしが、かの家に久助とて年久しく召使いし男ありて、風呂屋の遊女を引きまわし客を扱いけり。この久助煙草を好みしが、他人に紛れぬようにと、紫竹の太

きを長さ七八寸に切り、吸口火皿をつけ、この長き煙管を常に放さず腰にさしていたり。その上久助は生れつきの背むしにて、丈は小さき男の煙管をさしている形を、そのころの若き者ども、かの及の字のかたちを見立て、久助が異名を及といいしより、かの風呂屋の方へ遊びに行こうとて、キウが所へ行こうなどと云われしより、自ら風呂屋の男の惣名となれり。板本にはギウを花に廻ると訳せし甚だ杜撰なり。当時ギウを妓有などと書くは好事の者のわざなり。予が若かりしころまでも及と書けり。

との説がある。久助の姿から及と異名したというのだが、及（キウ）の字はむつかし過ぎて俗言向きではない。まして口でいうには久で十分である。

それからこのキウは風呂屋の男の総称となったとある点から、思うに遊里の客引男の「牛」（ぎう）は風呂屋から転じた称で、年代的には寛文八年（一八六八）ころからのことと思われる。

この年、風呂屋崩れの女共、取潰しに逢った風呂屋共が大挙して吉原に移り遊女屋を始めた。そこで店構えも風呂屋風の格子見世に造ったり、風呂屋の番台に似せて牛台というを置き、客引男を座らせたことからでも証せられるだろう。

妓の斡旋をする者を「廻し方」といった。そこで娼家の男衆は客の祝儀によって立働くとの意味から、花に廻る（鼻で動く）と洒落て「牛」といったのだとの説もある。

また「くつわ」は遊里のことや遊女屋の主人の異称だが、これも馬を使う場合、手綱をつける金具の名から転じて、操縦を意味する称と思われる。「妓夫」というのも同様な意を含み、実質的には妓の情夫だったり、ヒモの男の場合が多かったのであり、娼家の主もしばしば妓を妾同様にして一方では客をとって稼がせていたのがあった。

街娼で賤娼の「よたか」にも妓夫が付添っていたが、近代の「引っ張り」と称するようになったころにも必ず付添いの男がいた。これらの役目は客引のこともあったが、妓の世話役として付添い、用心棒兼見張役をした。江戸の吉田町から出た夜鷹には、妓の寄場があって、そこに集っている妓が、三々五々と連れ立って稼ぎに出掛るのだったが、この妓夫は数人の夜鷹が共同で雇うのがあり、これなどはあながち特定の妓の情夫というわけではない。

関西では、近代でも「引手」または「引子」と呼ばれてもっぱら女の客引だった。

写真見世の片隅の椅子に腰掛けていて客を呼んだ。多くはその道のつわもので比較的若い女もいるが、年増女が主である。

戦前九州のある廓では、登楼を勧めて階上の部屋に誘い、そこからやや離れた妓の溜り場が眺められるようになっていたが、誰彼と説明しながら指名で遊ぶようすすめ、自ら客の情をそそるような言動をしたのもあった。また九州の港町別府では廓の中央が広い道路になっていて、この道の左右はみな妓楼だった。そこで通行の遊客をわが家にとろうと、引手たちは競って通路に飛び出し、嫖客の腕をとり、腰を押し、首にからみつく者もあって、凄まじい有様。女ながらその腕力の強さ驚くばかりだった。

静岡県のある廓では、広い道の両側に妓楼が十数軒あるだけの一画だった。ここには引子はいない。そのかわり夕方になると、各家の妓が長襦袢に伊達巻姿でみな家の前の道路に出て来て、通行の嫖客を捕え、遮二無二妓楼へ押し上げるのだった。

そして玄関から上にあがると、客も観念するらしいが、妓らは再び道路へ走って別の客を引いた。大勢してこの争奪を行ううちに、最後まで努力して玄関に押し上げた妓がその客をとる慣習だったという。

だからもし好ましくない客なら、最後まで押しあげねばよいわけで、自然と妓が客に対する自由選択が行われることとなる変った風習のところもあった。

吉原の牛太郎はその点、口では実によく遊客の心を捕えて客引をするのだが、牛台から降りて客を追うようなことはめったにない。しかも通行の客を呼び込むには掟があって、向い側の妓楼の前の客をこちらから呼び込むことは許されなかった。川柳にも、〝素一分は真ン中を行く仲一町〟とあるのがそれで、通路の中央を歩けばどちらからも呼び込まれる心配はなかったのであり、昔からこの定めはあったらしい。

戦後の青線地帯では、もちろん女が店の前の通路に出て客引をすることは許されなかったし、まして客の躰にまつわり付いて勧誘するようなことは軽犯罪法に触れるのである。赤線の店でも、屋内から妓が客の呼込みをするには、必ず自家の前を通る客に限られ、店の一方の端から他方の端までを通り過ぎる間は、どんなに口を極めて勧誘しても差し支えないけれども、一歩隣家の領域に入れば呼込みをしてはならぬと規定されていた。面白い風俗だった。

さてこの牛太郎の類の「楼丁」も、客から呼ぶときは「男衆」であり、さまざまな種類役割と名称があった。

妓楼の男衆

妓夫は貸座敷の男雇人で、いわゆる「男衆」なのであるが、これにも各役向の種類階級がある。そして中以上の楼では、見世、立番、本仲、追廻、書記、その他床番のある店もある。中以下の楼では、見世、立仲、追仲、書記がある。

ていて、「見世」というのは、いわゆる「お見世の人」で、一楼の総支配人格、営業上の責任を楼主から負わされているので、一般の雇人に対しては大きな権力をもっている。たいてい廓外に住まって通いである。夕刻ころ出勤して、翌朝は跡仕末をしてから帰る。これが時と場合により二人で勤めることがあるが、それを「割見世」といい、収入は折半となる。

この収入は「かすり」と称して売上金の歩合だった。「台がすり」と「出来高がすり」の二種があり、台がすりは、台の物一枚に付何銭、酒一本に付何銭と定めてとるもの。出来高がすりは商い高の千分の二とか三とかの割で受取る。以前には「吉原四分一」と唱えて台の物一枚の四分の一が取分とされていて、出来高がすりで貰うよりも台がすり制でもらった方が収入は多かったらしいという。しかし後年には妓楼によってそれぞれの給料や歩合を定めて雇うようになったという。その他惣花の割や「小向銭」と称する個人的な貰いもあり、見世の収入は相当によいものだったという。

「立番」――これがいわゆる「牛太郎」である。登楼の客引だから重要な役割だが、これになるにはよほどの苦労人でないと勤まらない。客から思い切った悪口をいわれても聞き流して気にかけないし、それ以上に自分も辛辣なことをいうが、憎めないようないい方をする。

牛台にいて、通行の客を呼び込み登楼を勧めるのだが、旦那、親方、先生、社長、重役などと相手の人柄を見て、そのうちでも偉い方を見立て呼べば、間違っても客の方は悪い気はしない。しかもその職業を当てられると感心したりする。

とにかくそうして呼込みの声をかけながらも、素早くその客が金を持っている者か、気取り屋で見栄坊かどうか、けちな握り屋か、甘ちゃんか、それとも世間知らずのお坊ちゃんか……などを見分けて、それらの性格の弱点を突いて、おだてたり、熱心に頼んで人情に訴えるとか、気っ風のよさで共鳴を得るとか、あらゆる手を即座に工夫して勧誘するのである。

「ちょいと旦那々々入らっしゃい、モシ旦那、いかが様で一寸御覧遊ばして、モシ旦那、ネエ旦那、いいぢゃございませんか、勉強させますからお任せを……」

などと実によくしゃべる。

それでも客に逃げられると「流した」という。

勧められてついに登楼することになると、「送り込」といってヤリテに引継ぐのである。遊びの種類や遊び料の交渉もあり、この牛太郎が交渉に応じた料金のことも同時に申送りをする。後で遊興費のことで苦情が出たり、不足を来したような場合にも、この立番の男が口をきいて解決しなければならなかった。それと立番は登楼客の下足を預るのだが、番号なしでも実によく見分けて間違えることがなかったという。

給料は立番以下仲働はすべて無給、収入は惣花の割と小向（自分のもらう祝儀）だけだが、それで結構の身入があったという。家によっては連初会以外の初会の客があれば、一足に付て二銭ずつ出すところもある。

初会の客をあげるのはこの立番の腕、客に豪遊させて商い高を増すのはヤリテの伎倆、客に裏を返させるは娼妓の伎倆とされていた。

「本仲」――「仲働」のこと、いわゆる「中どん」で「下仲働」に対して本仲と呼ばれるのである。役目は「勘定番」と「人名取」で、またとくに「床番」を置かない家なら、床番も本仲の職務だった。

「勘定番」は客からの勘定を受取る役で、これは本仲の第一の取分で、役柄は見世の下位だが、収入の点ではおそらく楼中では第一人者だったろうという。というのは「小釣銭」の役徳があったからで、九十九銭までは小釣銭のうち、客がいわない時は娼妓がおつり銭はあげるよと口添えすれば、すぐさま礼をいって頭を一つさげてしまえば、それでもらえる。この金額が馬鹿にならないわけで、もし釣銭のない時にはいくらかでも別に祝儀をくれた。よって平均一日五円以上にはなったという。

しかし当番と非番とがあって交替で勤めるから、この収入は二人で分けた。

「人名取」というのは客帳のことで、遊客の氏名、住所、年令、職業、それに人相、着衣、所持品などを記録するものであり、登楼及び退出時間も記入し、相方となった娼妓名、遊興支払額を記した「明細帳」を作らねばならないのである。宿屋で宿帳を書いてもらうように、客の氏名、住所などは客に書いてもらったり、聞いて書くのだが、これがまたでたらめでいい加減なことをいうので、田中だとか斎藤だとかありふれた名の客が多くなる。とにかくいわれた通りに書くより仕方がないのだが、それにしても客が立て込んで来ると、この人名取の仕事も容易なことではないのだった。

妓楼の帳簿には売上高を記録する「元帳」と、遊客を記録する「客帳」とがある。昔は各妓楼に横綴の大福帳が帳場の背後に掛けてあって、前者を「水揚帳」といい、後者は「入船帳」と呼ばれていたのである。この元帳の記載は妓楼によって多少異なり、さまざまな符牒が用いられていたが、明治十七年に、貸座敷並に引手茶屋におけるこれらの帳簿の記載方や取扱が規定された。すなわち、

一、此元帳は満四年間その貸座敷に保存すべし。
一、賦金は定規之通り日々相納むべし。
一、此元帳には客の姓名、芸娼妓、引手茶屋の名および娼芸妓揚代、酒肴飯料等その外祝儀立替金共無洩記載すべし。

但揚代、酒肴飯料等は符牒を以て記するも妨げなしと雖も、遣高合金は正字にて書すべし。
一、此元帳の初葉へ其貸座敷に於て用ゆる符牒を記し置、亦符牒を取替候節は届出づべし。
一、此元帳の外、下附帳を用ゆるも二帳（見世一帳、部屋一帳）の外之を許さず、その下付帳は元締の検印を受け、必ず一ケ年間存置すぺし。
一、此元帳を以て賦金を上納するものにして、日々之酤算、左の雷式に倣うべし。
但一ケ月総計も此書式に準ず。

客数　　名
玉数　　個
一金　　　　総商高
内
金　　　　娼妓揚代
金　　　　席料何個
金　　　　酒肴飯小物代
金　　　　芸妓揚代
金　　　　祝儀其他立替
貸座敷商高
　金
　　此賦金

娼妓稼高
金
此賦金
二口賦金
右之通警視庁より御沙汰に付確守可致事
此元帳紙数　　枚、符牒（何々）
新吉原　元締

というものであり、この記載例などは『花街風俗志』に掲げられているのがある。

人名取をする男衆は実に記憶がよいもので、一回登楼した客は数ヵ月して再び来ても、その氏名や前にはいつ来たかも覚えているという。しかしこのことは重要なことで、以前には同じ楼に遊ぶ客は、最初にあげた妓以外の妓を無断で取替えることは許されない掟があった。

「床番」は勘定番と隔日に交替で勤めるところがある。床番というのは客の寝具の上げおろしをする役で、酒宴の終るころに寝具をのべ、客が帰った跡にはまた片付けるのだが、その部屋をどこに選ぶかは床番の権限になっていて、他人はいっさい干渉を許されないため、この男衆に憎まれたらとんだことになる。

「追廻し」は最下位の仲働ともいうべき者で、その役目は台の物の注文の使い走り、そしてさらに上げ下げの持運びをするのである。台の物はとっても、これを無遠慮に食ってしまう客はほとんどない。ちょっと箸をつけるくらいで沢山残るから、その台殻はすべて追廻しどんの役徳ということになるのだが、一人では食べ切れないから仲間に分ける。ことに台殻を下げるときにはまずヤリテのところへ持込むのが、この里での例になっているとか。ヤリテは娼妓の総取締役であり、廻し方としての権力をもっているのだけれども、また一緒に働くと、男衆もヤリテと不仲であっては万事に仕事がやり難い場合が多いのである。

その他「飯焚き」と「風呂番」があり、これらを「番子」といった。昔の楼丁もだいたいこれらの役目を仕事としていたが、多少名称が違った。そして、
番頭、見世番、二階廻り、風呂番、掛廻り、不寝番。

などがあった。

「番頭」はいわゆる「帳場」で、楼主の代理として会計、用度の係である。給金は年十両から十八両ぐらいだったという。

「見世番」は立番と同様で客の呼込み、遊女の道中に長柄の傘を差しかけ、あるいは提灯を持ってついて行くのもこの男だった。給金は年二両三分か四両という。

「二階廻し」は二階の仕事一切の取締をして、また台の物や燭台、火鉢などを配る監督もした。給金二両二分から四両ぐらいだったという。

「風呂番」「台廻し」は番子と同様である。

「掛廻り」は楼主や帳場の使役をし、貸金などの掛取りに出歩くのである。

「不寝番」は寝ずに見廻りをしたり、「油差し」をしながら火の用心と妓の逃亡、妓と客との情死などを警戒したのだった。

次に妓夫の下受睦、親分の寄子制度のこと、この「寄子組合」から妓楼へ「住込」「番代」「代り」の種類で雇われていくことなどあるが、説明は省略する。

案内人

「引手茶屋」「船宿」もいわば案内茶屋であり、妓楼の上客の客引業者だったのである。だからこそ娼妓、貸座敷、引手茶屋の三業のうち、引手茶屋はなくともあながち営業に差し支えないように思われるかも知れないが、引手茶屋はそれぞれ上等の顧客を持っていることとて、見逃せない存在であった。

明治時代には、人力車が遊客を案内した。戦後の赤線時代には「輪タク」がこれに代わり、変貌した吉原の様子は以前遊んだ人々にもまったく見当がつきかねたのだけれども、この輪タク屋は実に細かい情報まで知っていて、最近どこの家によい妓が現われたとか、どこの家は安心だとか詳しいものだったという。

この輪タクはまた青線の客引もし、車代の外に娼家からは案内料名儀で歩合をもらったのである。

ある青線の娼家へ初めて輪タクに案内されて来た客があったが、一度案内されて来ればその店の所在はわかるはずであるのに、その後もこの客は遊びに来るたびに同じように輪タクでやって来た。直接遊ぶのと輪タクに案内させるのとでは、それだけ高くつくわけであるが、客のいい分は輪タク屋も同じ仲間のはずだから、仲間から交渉してもらって遊ぶのが最も安心で間違いないとの意見だった。大正末から昭和の初めころには「朦朧車夫」とて、普通の辻待人力車を装い、遊里案内を専門にしているものがあった。

「ぽん引」もこれらの仲間の一種だった。戦後の「輪タク屋」で浅草付近に辻待していたものは、「旦那いかがですか、面白いところへ御案内します」と誘いかけ、いわゆる密娼の「素人屋」や、いかがわしいショーを見せる家へ連れ込むのもあった。案内を乞うと輪タクはそのままで路上に残し、タクシーを呼んで客と一緒に乗り、わざと廻り道をして目的の家へ連れ込んだりした。案内料は先方から受取ったのである。

第三章　遊女と私娼

遊女の種類

大正十年十月刊、宮武外骨編の『売春婦異名集』は、公私娼の異名解説で本文四三八種、追補を加えると異名総数五百余に及んでいる。このうちには遊女の古称から妓品等級の称、見世による呼称などまで含まれているのだが、遊女にもさまざまな種類があった。

中村三郎著『日本売春取締考』にも異名考として、時代別娼婦名、廓の妓名、各地方別私娼異名などが多数挙げられているが、これは解説は簡略である。

大正四年には村上静人著の『遊女の種類』（一名遊女の異名考）として出た一書がある。この書の説明はよいが種類はたいしてなく、遊女妓品の種類別は第二巻に挙げるといっていたが、それは未刊のままだった。

吉原遊廓創設当初には「傾城」と呼ばれていたが、後には多く「遊女」の名が称せられ、明和年間からは「女郎」と呼んだことは別項にも記した通りである。妓品名では太夫、格子、端、京阪では太夫、天神、鹿子位だった。その他細かい分類は略すが、寛文八年、江戸市中にあった「茶立女」の私娼が吉原入をしてから「散茶女郎」の一階級を加えた。これは安値妓として評判となり、後年には「昼三」呼出女郎として最上妓となったのは、すでに太夫妓が廃れたからだった。

「張見世女郎」は別項にも説明したように、大店、中店では遊女に張見世はさせなかったから、これを「まがき女郎」といったのに対して、散茶見世の付廻し以下の妓が見世を張ったのを「張見世女郎」といった。吉原の当初から元禄のころまでは、遊女が屋外に床几を出して腰掛けていたり、見世に群居して顔を見せていたので、とくに張見世女郎などの名はなかったといい、また大正五年七月、張見世禁止後はこの名もなくなったのである。

「揚屋女郎」は揚屋茶屋へ呼ばれて行った遊女をいい、上妓の意だったが、後には「呼出女郎」が最上妓となり、これに相当する妓だった。京阪では「送り込み」の妓といった。

「御職女郎」とは、古くは太夫の上妓を「御職」と称し、また「上職」ともいったが、後年の吉原では各妓楼でその最上妓一人を「お職女郎」と称した。毎月の玉代が最高の妓をいうので、成績によってきまったのである。

京都では「台お職」、「玉お職」といって台の物の売高一位の妓にもお職があった。

江戸の岡場所では「板頭」と呼んだ妓がお職に相当する。やはり売上げの順で寄場の名札が掲げられたので、その最上位の妓というわけだった。

享保の末ころから吉原で上妓を「おいらん」と称し、「花魁」と書いたが、後には客より妓を指して呼ぶ場合に用い、明治時代にはすべて女郎を「おいらん」と呼ぶに至った。

京阪で「太鼓女郎」、「三味線女郎」を「芸女郎」といったが、後に「芸子」(芸妓)となったものである。

「宿場女郎」は街道宿駅の女郎屋の妓のことであり、「飯盛女」の別称となっていた。

奴女郎

『古今吉原大全』に、

古へ武家方にて不義などありし婦人を、いましめのためとて五年あるいは三年の年期にて、この里へ勤めに出すを「やっ子」といいしなり。その後は端々の売女この里へとらるるをも「やっ子」と云う。

といっているが、享保五年（一七二〇）には、代官徳山五兵衛の手代郷右衛門の妾が、家来と密通して吉原へ無期限で勤めさせられた記録もあり、遊里では江戸市中の隠売女が捕えられ、改心の見込みがないと刑罰的に、ではいっそ吉原で女郎になれと、吉原へ送られてしまった。「奴《やっこ》」というのは奴隷の意味で、当初は五年間を強制的に勤めさせられたのであるが、享保八年（一七二三）からこの奴女郎の年季は三年間ということになった。

天和三年（一六八三）には、江戸市中の売女、湯女など三百人が検挙されたが、この年に吉原送りとなった奴女郎は二百六十八人だったという。

寛文八年（一六六八）には、弾圧を受けて取潰しに逢った風呂屋どもが、姿を代えて茶屋構で「茶立女」の名目によって売女を抱えたものが、奉行所の警告にもかかわらず営業を続けていたので、ついに大検挙が行われるに至ったのであるが、このとき自発的に吉原入を願い出た娼家もあり、それらを含めて実に五百十二人が吉原へ送られた。

明暦三年の新吉原への移転に際して、このときにも市中の売女を大々的に取締り、風呂屋二百軒を取潰し、湯女などを吉原送りにした。

岡場所ではこれらの検挙が突然行われて、捕吏に襲われるので「怪動《けいどう》」と称せられ、非常に恐れられていた。『武野俗談』にはこれについて、

深川三十三間堂呼び出し芸子の類、けいどうということ甚だ恐る。公庭に捕われ新吉原へ奴に下されける故なり。されば不意にけいどう入る時は、手廻り次第、女どもは舟に乗せて、葭沼通り葛西領砂六把島こんにゃく橋という在郷まで、密に内川つづきを逃すなり。

とあり、これは明暦以後の有様であろうが、よって捕えられて吉原入をした妓を「けいど女郎」といった。明治の『通人必携』に記されたものには「傾奴女郎」と書いている。京の島原ではやはりこの種の妓のことは「島流し」と称した。

市中の「隠売女」の取締は、吉原遊廓官許のおりの元和五ヵ条中に、傾城商売は吉原の廓以外ではいっさい禁止としたためだったが、よって吉原の者はよろしく監視するよう命じた。しかし、もともと市中の私娼の掃蕩は吉原の営業の障害を除去することであったし、捕えた隠売女が奴女郎として送られてくることは、大金を投じて女郎を探し出す手数が省け、大いに歓迎するところだったのであるから、当局が刑罰的に奴女郎として送ったことも、吉原の営業を援助したことになる。

寛政七年の「吉原規定証文」中にはこれについて次のように記している。

一、御当地町々隠売女之儀は、古来より当所のもの相調べ御訴申上候仕来にて、仮令御訴不申上、外より露見御吟味に相成候とも、其節隠売女之儀は当所名主に御預被遊候に付、其砌手当致召連罷候上、於会所五町順番にて、当番町之者人数を仕分け、当人名前を以てくじ取致、町毎にくじに当り候者を引取、その町遊女屋へ是亦順番に預り、入用は町入用或は其町限りの溜金を以て出金致来候

儀に有之候、尤も御吟味落着の節、女には三ケ年当所へ被下置候得者、冥加金入札にて女共引取候。右冥加金之儀は遊女屋世話役之者に預置、溜金に致候、以後右隠売女御預り中の諸人用は、右溜金を以て仕払、過金之分は毎年十二月、惣地主に割符致候仕来に付、猶向後番面之通相守、一町限勝手令之儀決而致間敷候事。

附、右売女共之内、病気にて引請人無之分は、町内限居所手当致、治療を加え当人共難儀不相成様養育致遣可申事。前書売女之儀、三ケ年を経、銘々引受人相調べ、御掛り御番所之申上候処、身寄引取人も無之分は、右名主引請にて其町に厄介致、追々身分片付遣候に付、右入用も前条に有之候溜金を以て差遣し、若入用不足之節は是亦仕来之通り、其町々町入用にて支払候儀聊申分無之候事。

といっている。この「奴女郎の入札」は天保のころからのことで、勿論普通の妓の仕入価よりは安上りだったに違いない。そして入札で落札した金は積立てて置いて廓内の諸費に使ったというが、前記の文面で見るとすこぶる曖昧なところがあり、しかも年季中は普通の女郎と同様に稼がせたのだから、楼主の利益は莫大だったらしい。

だからこそ、吉原の連中が私娼狩には熱心に協力したわけで、この恩恵はずっと続けられて来た。時に吉原が不況の折などはこの大量の奴女郎を受入れたものの、商売不振とあって「遊女大安売」の広告を出したこともある。

さてこのことも、明治になってからはもはや徳川の政策を踏襲する必要もなくなったわけで、明治五年十月には太政官布告第二九五号で「娼妓解放令」を出したりした。このことはマリヤ・ルス号事件が原因となって起ったことで、事情はさらに別記したが、結局なんらの裏付もなく突然すべての娼妓を解放させてしまったのだから、娼家の困憊もさることながら、娼婦とて一時は喜びもしたものの、さて実際にこの種の女が正業に転職することはむづかしかったのであった。やがて市中には多くの私娼が氾濫する状態となったのである。

そこで明治八年四月、東京府達第八号によって次のような通達が出た。

第一条　隠売女の所業致候者は娼妓鑑札下渡の上吉原根津其外四宿 品川 板橋 新宿 千住 貸座敷渡世の者へ相預取締可為致事

第二条　右期限は一年間たるべき事
但賦金上納黴検毒査等総て一般の娼妓に可準事

第三条　右期限後に至り猶又本人の勝手を以娼妓渡世致度者は其情願に任せ尋常娼妓之通可為想得事

第四条　貸座敷渡世の者へ一旦被相預候後正業に就き候目途有之候者又は縁付候かにて再び隠売女の所業致間敷旨親戚或は地主家主差配人等身元慥なる者にて保証いたし候はば詮議の上放免可致事

（以下十条まで罰則とて略）

明治になってからも一時このような奴女郎制度が復活したのであった。

遊女の勤め

勤めと稼ぎ

遊女の勤めのことは「慣行と掟」の条にも記したように、さまざまな制約や慣行的な待遇なども掟ということで強要され、俗に苦海十年の勤めといわれているくらいで、決して楽なものではなかった。古くはそれを辛抱して勤めるのが親への孝行だと楼主などはいっているが、つまり遊女としてこの里に勤めるようになったのは、年貢に困った末とか、生活に困る親のためだが、その他ときおりの親からの無心を叶えられるのも抱主から金を出し与えるからで、それを思えば抱主に仕えて稼業に励み尽すのは親への孝行ということになると妙な理屈を説いて聞かせたものだったという。

そして妓の死亡者は「投込寺」へ送られたが、大抵は二十五歳以下の若さで死んでいるのを見ても、勤めの労苦が察せられるといわれて来た。近代においてはそれほどでもなかったろうけれども、とにかく日々の稼ぎのことでは、かなり厳しかったのは想像されるし、生活の不節制のことはたしかである、それには稼業上の客扱い、身体精力の消耗に対する自衛手段といったことで、自然といわゆる「手練手管」はぜひ用いねばならぬこととなるのである。

それから金銭的な稼ぎ高のことでは、「遊興費と揚代」の条にいくつかの例を示したように、客をとって稼ぐ収入に比して、妓自身の受取高はきわめて少ないのである。戦後の赤線の妓は四分六の分配制で、相当によくなったようではあるが、それでも青線の四分六制で逆に妓の取分が四分でも、遊びの状況や日常の自由さの点で、結局赤線の妓とほとんど変らないといわれているくらいで、決して有利のわざではなかったのである。

だから娼妓はまことに不遇不幸な境涯の女ということも出来るのだが、中には普通の規則立った生活、節度と責任ある生活を嫌って、性格的に娼婦型の女の存在することも見逃がせない事実である。こうした点ではまた享楽の遊里という面以外に、暗くて忌わしい裏面を持っているということも出来る。

それから娼妓がいかに稼ぎ、いかに支払金や返済金を処置しなければならないかは、契約書に掲げられているが、明治三十八年ころの契約書条文のうちから、主なるものを抜き出して見ると、

満六年の期限で娼妓となり金三百十円を年一割二分の利子で前借した。

右之利金は娼妓稼業所得金を以て返金する。但し揚代金は一個金五十銭と定め、その内金二十五銭は貴殿（楼主）の所得とし、金二十五銭の内金三銭を妓の小遣とし、残金二十二銭を以て元利金に充当の約束。

揚代金は貴殿の都合により増減することを承諾、その場合の割合は前項に従う筈のこと。

貴殿所得金を以て病院維持費その他定めある諸費に充当されると雖も、入院中の食費は自弁すること。

娼妓稼業期間中は貴家に寄寓し、誠実に稼業するのは勿論、稼業上に関する諸規則、その他廓内取締に関する例規を厳守し貴殿に対するすべての負担、元利金皆済を告げる間は、如何なる事情あるも決して廃業休業又は稼換しないこと。但し貴殿の都合で貸座敷業の譲渡、又は稼換の節は正当の事由なき限り、異議を中立てぬこと。

妓の所有動産は現在のものと稼中取得したるとを問わず、すべて前記借用金の担保に差出置に付、自儘

に質入売却等しないこと。その他、

といった具合である。

身売り

身売りは年季勤めに対する「身代金」として、その期間における稼ぎの評価額を受け取る契約のことである。

戦後の昭和二十四年六月、数寄屋橋上に現われた男が、「命売ります。条件に応じます。この男」とのプラカードを首に吊げたのがあった。それが一時話題となって、理由はともかく命を売ってどうなるのか、またそれを買ってどうするのか、いろいろと問題があることだったが、ついにこの取引は誰とも行われなかったらしい。

身売りはそうした契約ではなく、いわゆる奴隷的な人身売買だったけれども、このような行為はすでに以前から禁じられていたところであったから、娼婦の場合はその稼ぎの収益を担保とする前借金の意味で行われていた。

しかし実際にはその娼家に住み込んで、さまざまな制約の下に、常時稼業を強要され収益が搾取されたので、実質的には人身売買であるとして、明治五年十月には有名な「芸娼妓解放令」が出て、遊里の営業はまったく停止されてしまった。また昭和二十年の終戦後には占領軍の指令で人身売買禁止、そしてついに公娼廃止の結果を招くこととなったのである。

ところで往昔からの女郎の身売りは、どんな有様だったか、そのことについて少しく記して見よう。

明治時代になってからも廓の娼妓の仕入れはもっぱら「玉出し屋」（周旋屋）の手を経て行われていたのである。

女郎の身売り時代にはその周旋人を「女衒《ぜげん》」と称したが、明治の人身売買禁止後は、貸座敷ではこれらを一般には「判人《はんにん》」と呼び、当人は「世話人」と自称していたという。

遊里通言には「玉出し屋」の称があり、これは芸妓の花街にも称せられる。その他私娼街では「ぽん引」、「出猟師」などの名があるが、これは直接娼家に売込む者とはきまっていない。同じような仲間の手から手へ転売して、それだけで稼いでいるのもあるからである。

大正十五年刊、比企丈助著『花柳の顧問』という書があるが、これは芸妓の悪玉、悪周旋屋に対する業者向け注意書で専門的な内容のものだった。そして仕込芸妓最初の特別祝儀のこと、玉の洗い方、連込玉の突下げ金、抜玉手段、住替玉など三十項目が記述され、芸妓契約書々式がついている。

さて「女衒」について『古語辞典』の説明は、

女衒（ぢょげん）の転か。江戸時代に遊女の口入れ、手引などを業とした人。〝手拭ではたいて女衒腰をかけ〟（柳樽）。

とある。衒はてらい誇示し、自慢するとの意味の文字だが、周旋屋の女衒は女を娼家に売り込む場合には、少しでも高く買わせて自分の利益を増そうとするのは当然だが、そのため一応は上玉であることを自慢するのが常のことだった。しかし、玉出しが商売であるだけに、世話をしようとする女の長所短所、妓としての適不適をじつによく見分けるのであって、その評価にだいたい狂いはない。だから身代金要求額をどう決定するかは、もちろん抱主と女衒との間で交渉することとなり、専門的な見方が行われるわけである。

『花街風俗志』にもこのことについての適切な記述があるので、それらの要所だけを抜萃してみる。これは明治の記事なので貸座敷（妓楼）といい、娼妓を娼妓出稼（本人の意志によって貸座敷に寄宿して稼ぐ意）などといっているのは注意を要する。

元来娼妓出稼は貸座敷に限られているから、出稼の希望者たる本人またはその家族者が直接貸座敷に交渉して、その契約が成立つかといえば、決して談判は成立たない。貸座敷では内部の事情に迂なる人々との直接交渉は、説明の煩雑と、手数の面倒とを嫌うし、かつは娼妓となる者の一身上から後日種々関係が起ったときのことを予防する点から、決して直接の交渉には応じないで、一割の手数料を判人に出しても、判人の手からでない娼妓は契約を結ばない。

判人社会は大仕掛けで、全国を六区に分け、各自の縄張地としてある。東京（関八州から仙台、青森へかけて東北一円）、名古屋（静岡、岐阜、滋賀、三重、和歌山、長野の各県下）、大阪（畿内五ヵ国に四国一円）、岡山と広島とは中国一円を二分している。長崎は九州一円を領す。（以上六区画）。その土地々々に親分めいた者があって他国からの侵入を許さないとのことだ。そして相互に特殊な契約連絡がある。この社会でこれを「玉出し」と呼ぶ。

東京の判人で親分ともいうべき顔触は四五人あって、吉原を始め洲崎その他四宿の貸座敷を華客としているが、その幕下を算入したら府下に二百人の判人がいた。

この判人が貸座敷へ玉をはめ込む順序は、まず本人の戸籍謄本、父兄の承諾書、委任状等を精査し、その妓の所要金額に適する貸座敷に同行して相談する。先方で希望があれば目見得とて女のみを預けて帰る。女が気に入ったとなると貸付金の交渉が始まる。相方の掛引があってそれがきまると、本人の健康診断を病院で受け、源氏名を定めた後、警察署へ出願して娼妓名簿に登録、鑑札下付の後に創業となる。次に貸金の証書（年季証文）が作成されてただちに現金の受け渡しとなる。

判人はこのとき手数料（肴料と呼ぶ）として手取金の一割を本人方から受取るのである。これが済むと今度は楼主のところへ行ってまた肴料一割を受けるので、二割が所得として判人達の仲間で分配されるのである。

その後もいろいろな事情が起って判人が呼ばれることがあるが、万一楼主か本人かの都合で鞍替（住替）を依頼されると判人は再び奔走して、娼妓に対する手数料は最初の如く繰返されるばかりか、今度は前の貸座敷から補欠の新ら玉の御用を仰せつかり、これでまた稼ぐ。

美人の玉なら売口も早いが、醜婦であっても彼等は決してこれを見捨ることなく、美人と抱合せの方法で売値の調節を図りながらはめ込むのである。

その他、女衒というと世間から悪徳者視された往昔の悪質の例をも引例し、さらに次の寛政四年に出た女衒禁止令ともいうべき法文を掲げている。

町中奉公人世話渡世致候者の内、女衒中継と唱候者共取計方、都て未だ奉公先も無之処、手前方に何ケ年給金何程と仕切取、証文面にも遊女又は道中旅籠屋飯盛下女、其外如何様之見苦敷奉公にても差構無之旨を認め、引取置候故、久敷済に無之、女は又候同渡世之者の内之仕切遣し、終にその行衛不相知、又は年期等相増候故、親元之可引取時節を失い、女取戻出入度々有之、其都度右女衒中継と唱候者共之中には、内々申合候も有之やにて、金子等を差出させ、内済いたし候段相聞候。人売買にも紛らは敷不埒之至に候、以来女衒中継と唱候者右態之渡世、全停止候間一同堅く可相守候事。

しかし、この禁令は業者らの運動によって翌五月には取扱の改正だけで再び出来るようにはなったけれども、女衒の権利はこのとき以後大いに縮小剥奪されてしまった。

さてこの年季証文にはそれぞれの書式があったが、明治五年の解放令以後、遊女屋が貸座敷ということになり、娼妓は「出稼人」となったし、人身売買は一切認めず、人身を担保とする一切の契約は無効ということになったから、従来の身売証文は、このときからまったく形式を変えることとなったのである（この証文の諸形式については『社会学雑誌』、『警察雑誌』などにいくつか研究論文が載ったことがある）。

身売金に「手取金」と「身付金」とがあることは前にも述べたが、証書面の金額はこの二口を合計した額が記載されるわけである。俗に「みずきん」といわれ「水金」「不見金」などとも書かれ、この金はあたかも手附金のように、当人に渡されて自由な余分の金のように思われるから、さまざまな名目で周旋人にとられたり、散り銭と見られるようにいってるものもあるが、「手取金」は親元などにまとめて渡される金、「身付金」は本人がこれから稼業をするための支度金で、買い整えねばならぬものが多いので渡される金、これには使途を明らかにした明細書とか領収証などを添えて、もし残金が出ればそれと一緒に楼主に返さねばならなかったのである。

それから売込の妓に「一本玉」、「二本玉」というのがあるが、それは玉出し屋一人の手で話を持ち込んで来たもの、あるいはすでに二人、三人と玉出し屋の手を経て持込まれて来たものとの区別をいうのであって、話がまとまった場合、三本玉であれば手数料は三人の仲間で分け合わねばならぬことになっている。

年季

奉公勤めの契約期間のことである。武家奉公、弟子奉公、丁稚奉公、下男下女奉公などみな雇傭契約にも奉公と称して主従関係によって結ばれた。『日本史小辞典』には、

江戸時代には継続的労務供給契約を奉公、非継続的なものを日傭取といった。奉公には①武家奉公、②出替奉公、③年季奉公、④特殊奉公、などあり、①は若党、仲間、小者、草履取など、②は下男下女などの家庭または農業の一年、半年を限る奉公、③は番頭、手代、丁稚など商家奉公や、職人への弟子入りなど、④は船頭、鉱夫など、このほか永年または譜代奉公、寺奉公、遊女奉公などもあった。譜代奉公を除けば奉公人契約には請人が要り、請人の責任は大であった。

という。封建社会においては主従関係によって結ばれ、生活上の職務の分与や保護を恩恵とし、従者は忠勤を励んだ。また道徳的には相互扶助をむしろ義務とし、恩恵はどこまでも恩義と考えられたのである。

明治五年の「芸娼妓解放令」が出たときには、遊女奉公は年季奉公などの名目で実は人身売買同様の有様だから厳禁するといい、農工商の弟子奉公は諸業習得のためであるから差し支えないが、年期七年以上は許さないとし、普通の奉公人は一年、芸娼妓は年季奉公を許さず解放しろといった。これは特殊な時期だったからである。

以前の遊女奉公契約は、俗に「苦海十年」などといわれて、普通には十八歳から二十七歳までの十年間を年季とした。

「身代金」を出して抱え、あとはわずかな小遣い程度、あの手この手で脅したり恩にきせたり、競争させ

たりして無理矢理に稼がせ、すべて抱主が搾取した。妓の欲しがるものは高い価で買わせ、立替金にして負担を残したり、年季を延ばして貸し与えたりしたのである。

〝傾城は二十八にてやっと足袋〟

廓の女郎は寒中でも足袋を用いさせず素足だった。それでこの句の足袋は二十八歳でようやく「年明け」となり堅気の女になれた句である。運のよい妓で美人なら中途で「身請」されるということもあったが、身請には勤め残りの借金の他に莫大な「引き祝い」の費用がかかった。もちろん「引き祝い」だの礼金だのの金もあるが、抱主は十分な代償金をとってしまっているので決して損はしない。身請には「親元身請」などの特別方法もあり、割安にもなるが、前借金と利子を加算し、残りの年季に割り当てて返済しなければならないので、途中の稼ぎ高の多少はほとんど計算に入らなかった。

勤めが苦しく、客も思うようにとれない妓や、病気して休んだりすると、借金はかさみ、逃げでもしたらそれこそ捕えられて過酷な責め苦に逢ったのである。投込寺の過去帳に記された妓の年令を見ると、ほとんどが二十四、五歳で死んでいるといわれ、こうした妓も少なくないのだった。

〝岡場所はあとの厄までさせるとこ〟

岡場所の妓の定年は三十三歳（女の後厄年）までというわけだが、契約は一年々々だった。しかし踊子から伝統を伝えた芸者などは、とくにいつも若作りにして、若さが命だったから、四十女がいきな島田に厚化粧をして稼いでいたともいう。

下男下女は一年契約、毎年三月四日と八月十日（万治寛文ごろまでは二月二日と八月二日だった）を「出替り日」として、この春秋二期に交替するのである。主人側も望み、奉公人の方でも永続を希望する場合には、さらに契約を更新して勤め続けるのであるが、出替り日には一応給金の他に志の手当などをやり、土産物とか贈り物を与えて宿帰りをさせるのである。市内に家のない者とか、身寄りもなく周旋屋の手を経て奉公に出た者などは、「他人宿」とて口入屋の二階などに泊めてもらった。

商家の丁稚奉公も本来は商いの見習というわけだが、俗に〝小僧にやる〟などとて多くは親元が前借金をした。

丁稚の給金は無いも同然だったが、実際日常の生活費は主家で賄われていたから必要もなかった。もし出入先などで駄賃でももらえば、ひそかに買喰いをするぐらい。休みは盆と正月の二回「藪入」とて実家へ帰ることが許されるのだが、それも新参の最初の年とか、都合によっては休めないこともある。仕着や小遣い、土産物などを与えられて、朝に出て一晩泊って帰るくらいなものだった。

この小僧の年季は五年とか七年ぐらい、しかし丁稚に入るのはたいてい十歳前後で、初めは雑用勤めに追い廻され、次に使い走りや商用の使いに出歩くようになり、十五、六歳で半元服してようやく本名の頭字に松や吉をつけて呼ばれる。禁酒禁煙、綿服で羽織の着用も許されなかった。

早ければ十七、八歳で元服し、衣服制限や酒煙草の解禁、表付の下駄が許されて手代となる。そしてさらに年を経て番頭になるのだが、店によってなかなかそうはゆかない。年季の如何にかかわらず手代までにはなれなかったし、まして番頭となるのは容易でなかった。番頭となり勤めぶりもよいと、折を見て暖簾を分けて独立の店も出してもらえる筈であるが、十人中七、八人までは手代にもならずに落伍してしまい、店をやめて転業するとか、転々と渡り歩くのが多かった。

一般にこのような商家の店者《たなもの》は、だから女房をもらい独立でなくとも、とにかく世帯をもつようになるには、四十歳を越してしまうのだった。川柳などではよく店の者と下女との情事句があるけれども、店内での男女関係は他の者の手前もあってまったく許されず、勝手な私通は刑罪に問われた。何とか金の融通がきく番頭の隠れた廓遊びも容易でなく、「朝参り」の止むを得ないこともあった。

〝傾城が客を見立てる二十七〟

〝局見世暦のように年が明け〟

この句は廓女郎と岡場所妓の「年明け」の句である。いよいよ来年は年季明けというので堅気の女房となって自分の世帯を持ちたいとは、勤めの女の誰もが念願するところだったらしい。ところで客の男の中にも、身請の金もいらず夫婦になろうと狙っているものは、いくらもいたろうが、さて現実にはなかなか思うようにはいかない。日ごろは稼業の手管で、〝女郎のまことと卵の四角あれば晦日に月が出る〟などといわれたくらいにうまいことばかりいっているが、遊びの懸引は狐と狸の化かし合いだったから、年明け近くになると、今度は逆に女郎が実のありそうな客を物色するとの滑稽句なのである。そして局見世の句は岡場所妓の一年毎で契約更新となる有様をいっているものである。

女郎の「年季証文」はいわゆる雇用契約書で、ほとんどが「身代金」によって人身売買的な扱いを受け、その期間中は稼ぎを強要されたのである。『日本遊里史』に掲げられている「年期証文の事」によれば、

はつ　十八

右之はつと申者〇〇〇〇の娘にて、貴殿方に今般二十五一杯の暁まで金子百二十六両にて御抱え被下、水金として金三十六両御渡し被下、慥に請取申候、跡金の義は人別と引換に可致候、此者勤中横合より彼是申候者有之候はば、我等罷出埒明可申、貴殿に少しも御迷惑相掛申間敷、宗旨の儀は代々〇〇宗に

て〇〇寺に有之、寺檀那に紛れ無之候、年期証文為後日仍如件

年　月　日

親元　　印

証人　　印

家主　　印

というのである。江戸時代にはこのような娘の身売りも、家がことのほか貧困でその日の暮しにも困る場合とか、病身の父母のためとか、孝養の身売や年貢の金に窮した場合の身売りは黙認されていたし、時には一軒に一人だけなら身売りも認めることもあった。

証文中の「水金《みずきん》」とあるのは玉出し屋などの用語で「不見金」としているのもある。本当は「身付金」というのだそうだ。親元などが受取る「手取金」以外に本人が稼業につくために必要な衣服、しかけ、座敷着、長襦袢から、自分の使う鏡台、火鉢、箪笥、その他化粧道具、枕、上草履の類を買い揃える金が必要である。これが「身付金」であり、身売代金の前渡金のようだけれども、証文にはこの二種の合算が記載され、身付金で支度品を買って余れば、これは買っただけの明細品書きを添えて残額は楼主に返すのである。すると証書面は二種合算の総額のままで、返した残金は返済金となってその方に記載されるわけである。

「みずきん」はそうした金であるのだが、身売までの諸雑費で玉出し屋が立替えたという金などが種々の口実で請求され、出所がなく無駄に出てしまう場合もありがちなので、不見金とか水金とか思われるようになったのかも知れない。

さて天保十四年（一八四三）八月、江戸では遊女に紛らわしい所業がなければ、一家一人に限り芸者を置いても差し支えないとの触が出たことがある。これは芸者の売色が天保改革でことに厳しく取締を受け、

そのため深川の遊里関係業者は大いに不況を招き困惑したのだが、あまりにも弾圧がきびし過ぎたので、ついに水野大老は罷免となり、その後の緩和政策によって出された触書なのである。

また文政元年（一八一八）ごろには、深川芸者の売色が流行し、取締がきびしくなってきたので、抱主は隠れて稼がせていたけれども、とにかく芸者も売色しなければ客がつかない有様だったから、抱える場合には「二枚証文」という手が行われていた。つまり普通の芸妓としての抱え契約の外に、もしも事情によっては売色稼ぎも承諾するとの証文を別に一札入れたのである。

明治五年の遊女解放令以後、遊女屋を貸敷座業として再び認めることになったときには、人身売買は禁止、妓の稼業は本人の意志で行う以外に絶対に強制してはならない、人身や物を担保とする契約は無効とするなどの条件が付せられたから、遊女関係の契約書ことにいわゆる前借金に対する契約書も、自然従来の形式を変更されねばならなくなったのであるが、年季についての布告文は次の通りだった。

一、人身を売買致し又は年期を限り其主人の存意に任せ、虐使致し候は人倫に背き有るまじき事に付、古来禁制の処、年期奉公等種々の名目を以て奉公住為致、其実売買同様の所業に至り以ての外に付、自今可為厳禁事。

一、農工商の諸業習熟のため弟子奉公為致候儀は勝手に候得共、年期七年を過ぐべからざること。

一、平素の奉公人は一カ年宛たるべし。もっとも奉公取続者は証文可相改事。

一、娼妓芸妓年期奉公人一切解放可致、右に付ての貸借訴訟総て不取上候事

右之通被定候条屹度可相守事

明治五年壬申十月二日

徒弟制度による年季奉公人は七年契約以内とせよといい、その他の下男下女などの奉公人は一年契約とし、引続き奉公する場合は契約更新の証文によってせよというのだった。

身受け

年季明け前に退業するのは自由廃業を除いては「身受」と「身抜」とがあるだけである。

昔は十八歳から二十七歳まで十年間が廓の一般年季とされ、妓が二十八歳となれば「年明け」といって自由の身になれた。近代の吉原では娼妓勤めを「娼妓出稼」といって、その期限は六ヵ年以内に規定された。そして年明けとはいわず「営業満期」と称し、それまでに継続の出願をしない限り、たとえ契約証書にはどうあろうと、期限が切れれば鑑札を警察署に返納して名簿を抹消してもらわねばならなかった。

年明けまでに借金が残っていたらどうするかは、契約書にもある通り持物を処分してでも返済しなければならないのだが、五〜六年以上もいて稼げば借金は普通なら残らない。それにもはや素人には不必要な裲襠や道具類を楼主に買い取ってもらえば多少の金は手に入ったはずだという。ある者は一〜二年前から返金が了え自前稼ぎ同様に、稼いだ金を楼主に預けて置くのもあるとか。

昔は年明けとなると、名主から大門の通行切手をもらって、大門を出た。

川柳にも、〝傾城が客を見立てる二十七〟の句があり、今までは遊客の方が張見世などを廻って妓を見立てて登楼したのだが、さて明年は年季明けということになると、一緒に世帯を持って暮らす相手の男を妓の方で物色するとの句なのである。客の中にも馴染妓の年明けをまって一緒になれば金もかからないという者もあるのだが、さてそれがなかなか双方一致するのがない。商売女ともなればもはや、さまざまな男を知っているから、いざとなれば甘い口にも乗ってこないし、好きな男というものは、そうめったにはいないものらしい。

身受けは、俗に「ひかせる」ともいい、年季中に身代金を支払って「受け出す」ことであり、「落籍」、「根曳き」などともいう。しかしこれも時代で形式はいろいろに違って来ているのだが、昔の形式ではまず誰妓を根曳すると楼主に相談する。楼主は親元の異存のないことを確めてから、客の交渉に応じるわけだが、身代金を大きく吹っかける。そこで客の方も、もっと安くさせる者もあるだろうが、とにかくそれがきまると身代金と本人のその他の負債を支払って、「引祝い」をする。楼中、芸者、幇間へまで赤飯、料理、祝儀包を配り、朋輩の妓には昼夜総仕舞の玉をつけ、妓は仲間の妓や若い衆、ヤリテに送られて客の待つ引手茶屋へ行く。ここで見送りの一同に祝いの宴を催してから、用意された駕籠に乗るのを一同が大門口までついて見送るのである。

だから一流の妓をひかせるとなったら、昔の金で千両はかかったという。そのため寛政度からは身代金は五百両以内と制限されたけれども、実際はなかなかそれでは済まされなかったという。

それから昔は身受するときには、「身受証文」というのを遊女屋へ出したのである。

証文之事

一、其方抱え薄雲と申けいせい、未年季之内に御座候へども、我等妻に致度、色々申候所に無相違妻に被下、其上衣類夜具蒲団手道具長持まで相添被下忝存候。則為樽代金子三百五十両其方へ進申候。自今巳後、御公儀様より御法度被為仰付候江戸御町中、ばいた遊女出会御座舗者不及甲に、道中茶屋はたご屋へ、左様成遊女がましき所に指置申間敷候。若左様之遊女所に指置申候と申もの仰座候はば、御公儀様へ被上仰、何様とも御懸り可被成候、其時一言之義申間敷候。右之薄雲もし離別致候はば、金子百両に家屋鋪相添ひま出し可申候。為後日証文如件

元禄十三年辰の七月三日

貰主　源　六　印
請人　平右衛門　印
同　半四郎　印

四郎左衛門殿

これは『花街風俗志』所載の元禄十三年の証文である。そして遊女には女衒付と女衒無しの別があって、女衒付の場合は後がうるさいので、先ず女衒の手を離させるために若干の金を与えねばならなかったという。

近代では身代金ではなく、貸借金だからその元簿を見れば明らかで、それさえ払えばよい。茶屋などへ赤飯を配る者もあるが、でなければ楼中だけに祝いの料理と祝儀を出し、宴席を張るぐらいで終りであるし、もっと費用をかけまいとする者だと、客から話を持込まずに妓から直接楼主に談じ込ませて、自由廃業の形にしたり、あるいは「親元身受」の形でわざと親から話させたりした。

身抜けは妓が自分から身を引く意味だが、「親元身受」の別称だった。これだと引祝など多くの費用を要さないのである。そこで客が身受けをする場合でも、特別の事情で金がそれ程出せないときなど、親元身受ということにもするけども、娘を娼婦に出すくらいの親元では、事実負債を返して娘を連れ戻すといったことはほとんど出来ないことだった。だから妓を他へ住み替えさせて、また少しでも金を手に入れようとする

ときの口実手段の場合もあった。
とにかく「親元身受」ということもあったことを記して置くに留める。

出身地と風俗

廓言葉のいわゆる「ありんす言葉」は、
いかなる遠国より来れる女にても、この詞をつかうときは、鄙の訛りぬけて元より居たる女と同じ事に聞ゆ。
と『北里見聞録』にいっているように、吉原の妓には概して東北地方の女が多かったが、それらの国訛りの言葉では聞き苦しかったし、産地が知れると具合の悪い場合もあった。それに各種階層の遊客に接することゆえ、言葉づかいの上の間違いが起っても困るというので、かかる詞に統一したのであろう。同じアリンスの語法でも、妓楼によっては多少相違はあったけれども、とにかく誰がこれを考え出したのかは詳らかでない。しかし元禄ころには、だいたいこの語法が規模を整えてきたといわれている。
女郎の出身地は「玉出し屋」の活動地域によってだいたいは定まると見なければならない。以前吉原などには直接本人やら、親族の者の申込みで勤めを希望する者もあったが、妓楼ではそれらを受入れることはほとんどしなかったという。その理由は身元引受人の関係や、前借金（身代金）の評価、その他種々の事情があって、その点、玉出し屋はやはりこの道の専門家として、妓としての女の向き不向のことや、美女にしてもそれが遊客には喜ばれる型のものかどうかなどをよく知っているし、妓の身元引受人はこの周旋屋が行うのが例となっていて、それに対する手続のこと、もしもなんらか保証人の責任を生じた場合などでも、彼等は手馴れた扱いによって解決することが出来るばかりか、万事に信頼しているからだった。あるいは妓の鞍替にも結局厄介を煩わすわけだからである。これらのことは明治になってからでもおそらくは同じだったろう。

諸書に現われた統計数字には、そうした妓の産地のことも出ているが、このことははたして資料的にどう役立っものかは疑問である。

江戸時代の下女の産地は相模女、房州女などが代表的なものとなっていた。そして相模女といっても厚木辺とか、地域はおよそきまっていたのは、同地の耕地面積や農産物が少なくて、農家人口をとうてい養っていけないところから、少しでも口を減らし、かたがた出稼ぎとなる下女奉公が選ばれるのである。

このような生活事情とか、土地の慣習によって娼婦となるものは別として、その他の個々の事情や原因動機からの娼婦出身分けは大して特別の意義とならない場合が多い。

しかし一般に娼家に稼ぐ女は、その土地の近くでは働かないという。

それから芸者では俗に「おきやアセ」芸者とて、東京では名古屋出の芸妓が特に好まれるのは、その言葉のやさしいばかりではなくて、概して情があって親切だからともいわれるのだが、同地方では以前から旦那どりとか、妾になることをむしろ女の幸せとした慣習があったらしい。芸者の場合にもそうした影響によるものではなかろうか。

その他天草女の遠征ということは古くからいわれてきたが、それなどは九州人が以前は見物にしろ、商取引にしろ、大阪までは来るが東京へ行くよりは、むしろ朝鮮、満州へ出掛けるのを簡単に考えていたように、天草女のことも地理的と交通の関係だったろう。

私娼のさまざま

私娼の種類

私娼は公娼に対する称で、江戸時代には市中の「隠売女《かくしばいじょ》」としていっさい禁じられていた娼婦である。しかし、さまざまな名称、さまざまな形態で絶えることなく、その集団的に現われたところが「岡場所」遊里だった。

従来の分類によると、娼婦には、

公娼、私娼、密娼、準娼

などがあり、公娼は公然と認められた娼婦で、江戸時代には「遊女」と呼び、明治時代には「娼妓」と称せられた。私娼はひそかに売春を常習的に稼業としている女で、時には黙認されている場合もあるけれども、常に取締の対象とされて来た。密娼も私娼の中だが、さらにひそかに隠れて、世間をも憚りながらも売春を行うものである。準娼は臨機的な売春婦で、売春の行われやすい職業とか立場にあるものが、まったく臨機に行うのである。

その他形態的、地城的、系統的な種類としては、

街娼、船娼、土妓、駅妓

などがあり、多くの異名が行われていた。

他に職業をもちながら一方では娼婦のものもあった。売春の原因、動機、手段、形態などについて詳しく

研究している書もあるが、歴史的、社会的、風俗的にそれらを述べるのは容易なことではない。しかし、わが国の江戸時代から著名なものとしては、湯女、踊子、茶屋女、飯盛女、夜鷹、船饅頭らの類や、その他にも種々あるが、ここではとくに後年に大きな影響をもったものだけを略記する。

湯女

江戸の湯女風呂は温泉宿の湯女を真似た「町湯女」だった。市中の湯女風呂の出現は慶長年間のことだといわれ、吉原遊廓設置以前のことになるが、そのころの湯女は「垢かき女」として売女ではなかったようである。

江戸銭湯の始まりは天正十九年、伊勢の与市が銭瓶橋のほとりに作ったものだったと『そぞろ物語』はいっている。大阪ではその前年の天正十八年に銭湯風呂が出現したとある。つまり公衆浴場なのであるが、これらはいずれも蒸風呂だった。

そこで当然従来からの風習で、浴客の垢をかくのは「垢かき女」の業だったのである。慶長年間に現われた「湯女風呂」にもやはり垢かき女がいた。だからこれは後の湯女風呂の先駆をなしたものには違いないが、いわゆる売女の湯女風呂とはまだいえないものだった。

『歴世女装考』には、寛永十年（一六三三）ころからこの湯女は容色を飾り、酒席に出て客の相手をする「大湯女」と、もっぱら垢をかき髪を洗う「小湯女」とが出来たという。この大湯女が売女化したのである。よっていわゆる湯女風呂は実は寛永の中ごろからということになる。

『色音論』では、〝湯女はもと諸国の温泉にありしがもとなるべし〟とあり、温泉の湯女の有様は『有馬温泉記』にも記されているが、古い遊女と同様の有様だった。よって当時、この湯女が評判になったため、従来の江口、室などの港に出現した遊女の遊び場が廃れたといわれている。

江戸の湯女風呂は戸棚風呂を施設した茶屋構えで、浴客は風呂に入り浴後には酒食することが出来た。この酒席に出て相手をし、売色もしたのであるから、この湯女は「町湯女」とも称せられた。

寛永十四年には江戸の風呂屋では湯女三人以上は置くことを許さないとの制限令が出たが、さらに正保二年（一六四五）には湯屋に女を抱えて客を宿泊させることを禁じている。

正保三年には有名な勝山が丹前風呂の湯女として現われ、慶安、承応には取締が繰り返えされたが、かの町奴や旗本奴などもしばしば湯女風呂に出入して互いに反目し合っていた。

そして明暦三年（一六六七）、吉原遊廓が新吉原の地に移転するのを期に湯女を禁止し、市中の風呂屋二百軒を取潰しに処した上、捕えた湯女などは吉原へ奴女郎として送ったのである。丹前風呂の勝山もこのときついに吉原入りをして遊女となっている。

しかし湯女風呂は案外人気があったし、普通の娼家と違い風呂屋であっただけに、取締の困難もあり、容易に絶滅することは出来なかった。

寛文四年（一六六四）には、茶屋構えにて女を置く商売するを禁ずとの令が出たが、これは前々から取潰しにあった風呂屋共が、姿を代えて茶屋に「茶立女」の名目で、相変らずの娼家を営もうとしたものだったのであり、寛文八年の市中の隠売女の大検挙で、ようやく吉原入りして正式の遊女屋となった。

その後しばらく湯女の問題も騒がれなくなったが、天和三年（一六八三）にはまたもや大量検挙が行われ、やがて元禄時代を迎えて世相一般に享楽的傾向が甚しくなり、湯女風呂はやや人気を落したかに見えたおりから、元禄十六年（一七〇三）の江戸大火以後はいちだんと湯女は衰微するに至った。だが、湯女風呂は決して消滅しなかった。というのは、次に市中の町の銭湯が湯女風呂を始めたからである。

そのころ町の銭湯はだいぶ普及してきて、ようやく浴客も増え繁昌し出した。ところでこれら町の銭湯は寛文二年（一六六二）の「湯屋覚書」の触書以来、営業時間は火の元用心のため明け六つ刻より暮六つ刻までとされていたのであり、湯女風呂はこの規定営業を終った後、夕七つ刻以後に行われたのだった。いわば二枚鑑札ではないけれども看板のかけ替えといった状態だった。よってこの点でも湯女風呂とはいえ、一般の入浴営業を弾圧することは直接出来なかったことであろう。

よたか・引っ張り

俗謡に〝京で辻君、大阪で総嫁、江戸の夜鷹は吉田町〟というのがあり、江戸の「夜鷹（よたか）」は街娼の代表的なものだったけれども、この種の娼婦は江戸に限らず、全国諸所に存在した。

辻君、立君、浜君、芝姫、橋姫、橋傾城、河岸君、惣嫁。

など、多くの異名があり、京阪では姫とか君の名で呼んでいた。『岡場所遊廓考』には、

本所のよたかの始まりは、元禄十一年寅九月六日、数寄屋橋より出火し風雨にて千住まで焼亡す。その焼跡に小屋掛し、折ふし本所より夜に女来りて小屋に泊る。世のよき時節故、若者徒然のなぐさみに惜まず争い買いけるより始まるという。

とあり、大火災後の焼原に出現した。

しかし、後には常習的な街娼は数を増し、本所吉田町、吉岡町辺は彼らの巣窟となり、「夜鷹屋」と称する寄場が出来た。ここではまた、彼らの稼業に必要な品や日用品なども売り、妓が金を持たぬ場合には、着類雑品を貸し与えるなどの世話をしたという。そして夕刻近くになると、顔に白粉を濃く塗り、手拭をかぶり、莚を小脇に抱え、三々五々出掛けて行った。若いのもあれば、すでに四十を越した女もあり、白粉で皺を隠し、作り声して一緒に稼いだ。古くは黒木綿の裾模様の着物に白桟留の帯を前結びにしていたが、後年は縞木綿の着物で綿帯をうしろに結び、莚を携えて出たのである。

客は折助仲間などが多く、材木置場や石置場、土手の外の莚張りの仮小屋を作って、そこで稼いだのもあった。妓夫の男が客を誘い、見張役の用心棒を兼ねて、さまざまな世話をしたが、夜鷹の妓夫は、「よたか屋」で数人の妓が共同して一人の妓夫を雇ったのもあった。価は一交ちょん間二十四文が相場だったのであるが、実際には五十文、百文が与えられて切見世の娼婦と同様だったという。

稼ぎ場所は、江戸では吉田町の組と四谷鮫ヶ橋の組との二つがあり、だいたいその縄張区域がきまっていて、それぞれの稼ぎ場に出没したわけで、これらの地域のことは『岡場所遊廓考』に詳しく記されているし、夜鷹の風俗、日常の仲間の様子などのことは、武田完二著の『遊女の時代色』（一九三四年刊）に詳しい。『武野俗談』でもいってるように、江戸の夜鷹の全盛期は宝暦のころであり、天保のころの調べでは、江戸の夜鷹四千百八十人とある由が植原路郎著『そば事典』（一九七二年刊）に見え、夜蕎麦売りの屋台は冬から春にかけて売り歩き、夜鷹が寒さしのぎに立食いしたからこれを「よたかそば」と異名した。『守貞謾稿』には、

京坂では夜啼きそば屋と云い、江戸では夜たかそばと云う。夜たかは土妓の名、彼の徒専ら食うに

よる。

とあるが、大阪では「夜泣きうどん」と称した。〝客二つ潰して夜鷹三つ食い〟との川柳は、十八文のそば三杯を食ったので、二十四文の客二人分の稼ぎをフイにしてしまったとの句意である。

黒沢翁溝の『酒席粋話』には、大阪の総嫁について、

その出所によりて少しずつ違える事あり、横堀辺りへ出るものは材木の間を伏処とし、大川通りへ出るものは石段を枕となし、中之島辺りにては道のかたはらに小さき蚊帳をつり置きて、その内に客をいざない、天満の方にては傘をたづさえ出て、是を開き横になし、その蔭に客をいざなへり云々。

とあって、かの「大阪天満の真ン中で……」との俗謡の傘の由来が知れるのであるが、このことは藤原月明の『総嫁考』にも出ている。

「よたか」の類を後に「引っ張り」と呼んだが、明治十七、八年ころ、日本橋蠣殻町、浜町、芝神明、麹町、飯田町、本郷根津、千住、浅草、本所、深川などに「白首」と称する私娼が出現、そのうち隅田川を境に川手前を「白首」と称して置屋を稼ぎ場としていたのに対して、川向うの本所、深川組を「露淫」と呼び、これが引っ張りの街娼だった。

それがやがて浅草の奥山あたりへも進出して来て、大正十五年ころまで公園の池のあたりとか、築山の繁み、ロハ台などで稼ぎ、映画館の終る時間を狙って忙しく暗躍したものだった。十銭、二十銭ではなはだしいのは、池の傍にある共同便所を利用するものもあった。古川柳に、

〝雪隠を一人出てまた一人出る〟

とあるのは、娼婦の句ではないかも知れないが、その工夫の苦心は昔も考えられたことだったのである。

「よたか」　左は後年風俗、右は以前の夜鷹

船饅頭

(『阿千代之伝』所載)、江戸時代の舟上卑娼で、街娼の「よたか」と同様な下級妓。苫舟で稼業をした。

船饅頭

船饅頭とは江戸の「船娼」であり水上娼婦だった。大阪には淀川下りの川船客に食物などを売る「食らわんか船」という商売の小船があった。東京でも近代まで川筋や港などには、食べ物を売る小船が往来し「うろうろ船」などと呼ばれていた。「船饅頭」の娼婦はこれに倣ったものか。しかし饅頭とは別義の秘語で、『旅枕五十三次』には駅妓に「米まんぢゅう」といってるのがある。風来山人の戯著『太平楽巻物』には、

ぽちゃぽちゃのお千代という船饅頭の品者あり。

とある。このお千代が乗った舟を「お千代舟」といったが、後にこれが船饅頭の代名詞に使われるようになった。川柳に、

〝おちよとは舟饅頭に禁句なり〟

というのがあるが、この種の妓には夜鷹にも劣る賤娼があって、梅毒で足腰の立たぬものさえ船に乗せて稼がせたという。そこで病毒のため鼻の落ちる意にかけて詠んだ句なのである。『寛天見聞記』には、

天明の末までは、大川中洲の脇、永代橋の辺りへ舟まんぢうとて小舟に棹さして、岸によせて往来の袖を引、客来るときは漕ぎ出して中洲を一と廻りするを限りとして、価三十二文也。と、これも夜たかと同じく瘡毒にて足腰のかなわぬもの多し。

とある。享保から寛政ころまであった賤娼である。「船比丘尼」(丸太ともいった)もまたこの種の船娼だった。その他、大阪の「ぴんしょ」、広島の「ちょろ」、『里の小手巻評』に見える下関の「手たたき」などもみ

な水上娼婦で、船夫を相手に停船の船に稼ぎに出掛けたのだった。

踊子

踊子は阿国歌舞伎などの「女歌舞伎」の影響を受けて発生したが、一面には三味線の流行によって起ったとも看做される。その意味で遊女的性格をもち、やがて江戸市中において売女化し、さらに町芸者の前身をなした妓だった。

阿国歌舞伎については種々伝えられているのだが、これは歌舞伎といっても後の歌舞伎劇ではない、そのころ流行の小唄などをうたい、さまざまな扮装をした女たちが手踊りや所作など見せたものであった。カブクとは以前からあった言葉で、ことさらに人目を引くような異様異態の姿や行動などをいう「かぶき者」に対する意味のものだったが、それを歌舞伎の文字に当てたのであろう。そして出雲お国の一座の女たちも目立った衣裳をつけて踊ったり、あるいは男装をして女だてらに、あられもない所作や、男女の情事の艶情を演じたりしたので、大衆の評判となったのである。

このころの世態は、あたかも永い戦国動乱の後、ようやく徳川の代となって、やや世情の曙光が見え始めたときであるし、念仏踊りとか風流踊りなども流行した時代だった。

わけもなく、ある一人が急に街頭に飛び出して、手を振り足を踊らせて、別に形式のあるきまった踊りではないが、町の中を踊り歩くと、いつしか他の人々もこれにつれて加わり集まって来て、しだいに踊りの群れは大きく街頭に続いた。これを風流踊りと呼んだという。

今日の阿波踊りに対する熱狂を思わせるようなもので、阿国歌舞伎もそれらの世態の中で、あたかも現代のレビューを演じて見せたようなものだったに違いない。

しかし、これが「女歌舞伎」と呼ばれたことは、すでに以前からあった男歌舞伎に対して、女の歌舞伎だったからであり、戦国時代からこのころにおいても、武士その他の間には異態風俗として男色の風が盛んだったといわれ、若衆姿の男歌舞伎なども大いに愛好されていたのである。

こうした諸事情は、あたかも戦後の現代、われわれの社会世相に照らしても理解出来そうに思えるが、阿国歌舞伎の出現は、またいわゆる戦後派女性の風俗の一つの現われだったのである。

戦後などの男色流行時代には、女は本能的にも、男が女の愛情と魅力とを忘れたのを再び女の掌手に取戻そうとして、女はことさらに人目を引く極端な服装になったり、エロチックな風俗が起る。

江戸初期の女歌舞伎にもたしかに、これに似た傾向が感じられる。

阿国歌舞伎が、女群の一団を引連れて京都に現われたのは慶長八年（一六〇三）、江戸にやって来たといわれるのが慶長十二年だった。それから慶長十六年には各地に「女歌舞伎」が流行出現した。そしてついに「遊女歌舞伎」まで行われたという。そこで、吉原遊廓の開設される以前、江戸の繁栄を聞き伝えて、諸国から集って来た娼家の女たちが、
能歌舞伎の舞台を造建て、毎日遊女に音曲を演ぜしめ、あるいは獅子舞、蛛舞、勧進舞、相撲、瑠璃など種々の遊技を演じて、あまねく衆人に観覧させ、嫖客を誘う手段を講じた。

と伝えられているのも、これら遊女歌舞伎の類であったろう。

承応元年（一六五二）若衆歌舞伎禁止となる。

寛文九年（一六六九）江戸の岡場所で「若衆屋」の取締が行われる。大阪新町の富士屋では「若衆女郎」

とて男装の女郎を売出した。

延宝五年（一六七七）、江戸の町々に踊り流行、華美に過ぎるとて禁止されている。延宝八年（一六八〇）、このころ江戸に踊子起る（『日本遊里史』）というが、それより以前の寛文十二年（一六七二）、京阪には遊女の間に三味線を主とする音曲が広まり踊子起るともいわれているのだが、これは遊女の中に現われた「芸女郎」の類であろうか。

『日本花柳史』には、江戸の踊子は天和年間に生じ、古くは舞子といったとある。

貞享三年（一六八六）、このころ大阪に「芸女郎」流行、享保のころからは「芸子」と称するようになった。このころ江戸には「寝子」の妓が出現した。後年町芸者の異名を「猫」といったことに関連があるものかどうか。

元禄二年（一六八九）この年、踊子の禁令が出ている。禁令に踊子の名が現われたのは、これが初めてのようである。よって元禄の初めには確かに「踊子」は存在したのである。『好色一代女』には、

女歌舞伎にはあらず、うるわしき娘をこのわざに仕入れて、うえつかたの御前さまへ、一夜ずつ御慰みにあげる。衣裳も大かた定まれり、紅かへしの下着に白小袖をかさね、黒きそぎえりをかけて、帯は三色ひだり縄、うしろ結びにして、金作りの小脇差、印ろう巾着を下げて、髪は中剃するもあり、若衆の如く仕立てる。小歌うたわせ踊らせ、酒のあいさつ云々。

とあり、若衆風をさせていたらしい。町人の貧しい家のものが、少し顔でもよい娘をもったりすると、早くから無理しても踊りを仕込み、そして踊子に出したのであるが、酒席のとりもちも勤めるので、十五、六歳ともなればただでは帰さず、といっている文献もあるように、元禄以後になると、もはや踊子はまったく

売女化したものになっていた。

そして『武野俗談』には、元文（一七四〇）ころの踊子は、

母親が付添ってお座敷に通い、往復には振袖を着て娘らしい風を装い、茶屋に着くと留袖の衣服に着かえて座敷を勤めた。

という。このような若作りの風習は、後年には町芸者への伝統となったし、母親が往復に付き添って行ったのが止んで、「箱丁」の男衆に代ったのは文化十年（一八一三）からだったと『奴凧』には記されている。

踊子が売色したために、しばしばその取締令が出ているが、これは娼家に抱えられて稼ぐ形態をとらなかったせいか、取締も充分には徹底せず、案外永く続いたのであるが、『奴凧』の記によれば、明和五年（一七六八）、〝踊子はまったく廃れて芸者となる〟とあり、つまり名が芸者と変って「町芸者」になったのである。

踊子がこうした時代世相のうちに発生したので、それが間もなく売女化したことは、むしろ彼女らにとっては宿命的なものだったといえそうである。そしてまた、それから転化した町芸者が売女としてしばしば取締を受けたのも、あながち不思議ではない。

さて、宝暦四年（一七五四）には、吉原遊廓の遊女の間にも踊子の称が現われ、細見の肩書に女おどり子と見え、宝暦の末まで存続していたから、やはりここでも踊子は「廓芸者」の前身をなしたのであろうか、それとも市中の踊子の人気が高かったために、廓の妓にもこれを名乗らせたものか、このことは詳らかでない。

後家

東北地方には私娼の異名に「後家」というのが各地にある。『松屋筆記』に記されているのは、

俚諺に、越後新潟八百八後家といへり、新潟は北国の船舶輻輳の地にて、娼婦色を衒る者多し、皆一女一室を構え一人住して客を曳く、そのさま後家所帯の家に似たれば、これを後家と呼び、又数の多きをたとへて八百八後家といえりとなん。

とある。

越後の八百八後家のことを書いた洒落本『後の月見』の書誌解題は、河原万吉著の『珍本物語』にも載っているが、これは夕方後家、蜜柑後家などと、さまざまな戯称で後家を評し、その数約二百を掲げているものである。

その他の地方の「後家」は、独り暮しを装う密娼の類らしい。

明治の私娼

街娼

戦後とか大きな天災のあとには必ず私娼が出現することは、いつの時代もかわらなかった。ことにその混乱した世態と生活の中においては、形態の簡単な「街娼」が現われ、やがて各種の私娼が

流行する。

明治維新には、いよいよ徳川幕府も崩壊して、慶応三年十月には大政奉還ということになったが、さらに武力討幕によって徹底的に徳川を滅亡させようとした一派の策謀は、ついに鳥羽伏見の乱を誘発させたのであった。だが旧幕臣の一部には、こうした情勢に憤慨を感じていた者もまだ少なくなかった。そこでこれらの若い者たちは、同志を集めて彰義隊を結成、江戸開城後も上野寛永寺に拠って東征軍に反抗の気勢を示したため、ここに官軍との一戦を交える結果となったわけだが、この上野の戦争も慶応四年五月十五日、一日だけで終った。

このとき、上野山下を中心とするかなり広範囲の町の、武家邸も町家もほとんどのものが立退いて、無人の町となったから、兵たちは勝手に畳を持ち出して弾除けに使ったりした。

このころからすでに主人から暇を出されて帰国した下級武士や召使いの者もあったが、主を失い、職を離れたけれども行く先の定まらないでいた者も少なくはなかった。武家が家財を処分して江戸を去った跡の空家が、いたるところに出来、当時は市中の銭湯が売家の古材木で、使いきれない程焚木が余り、薪の値段がただのようになったとの話もある。

中村三郎著の『日本売春取締考』（一九五四年刊）には、このころの有様について、『明治初年風俗物語』の文を引いて次のように掲げている。

上野戦争後、諸大名、旗本、御家人の奥方、姫、奥女中など、その他幕府の御用商人とか、武家邸出入の特殊商人の家人などで、主を失い或は職をなくして生活に窮したあげく、やむなく、女達は身を売るに至った。

下谷の佐竹ッ原、神田筋違いの原、柳原、本所御竹蔵付近、日比谷原、芝神明の付近、浅草、両国のあたりに、夜になるとウヨウヨする程、にわか娼婦が出没、佐竹ッ原の上品なので十銭、普通は天保銭五枚（四銭）ぐらいで、行人に情を売った。

つまり素人女の街娼の出現だったのである。これらの女達はその後どうなったかは明らかでないが、それともうひとつ、この時代に目立って増えたのは妾である。

「めかけ」は現代の解釈からすれば売春婦ではないのであるが、俗に「妾稼業」とて、これを稼ぎとする者はやはり娼婦と選ぶところがないだろう。そして、横浜には居留地外人の洋妾（らしゃめん）や、「洋娼」も存在した。

横浜の「チャブ屋」は慶応元年九月に出来たが、明治三年に禁止となり、後年には本牧のチャブ屋ホテルとなった。

明治十年には浅草の矢場十八軒といわれ、「矢場女」の全盛期だった。

明治十二年には各宿駅の「飯盛女」が再び台頭して来たのだったが、それは、あながち東京四宿の飯盛はたご屋が遊廓として認められたからでもあるまい。同じころ、船宿には江戸の名残の「船饅頭」が現われたとも伝えられている。だがこの船饅頭は昔のような最低の賤娼ではなく、おそらくはいわゆる水上娼の「船娼」といった類であったろう。

明治十七年には「白首」、「露淫」の私娼が出現した。この白首は、後にはいわゆる「銘酒屋女」となった私娼である。

明治期の私娼の主なるものといえば、大略以上のようなものだが、その系統や暗躍の舞台は、決してこのとき突如として発生したものではなくて、多くは以前からの関連や形態があるので、それぞれについて今少しく説明を加える必要がある。

洋娼と洋妾

幕末の黒船渡来、開港問題などのことは諸書に述べられているので、細々と記すまでもないが、これらの折衝に当ったわが国の役人の苦心したのは、攘夷派の浪人の暴挙と、異国人によるわが国の婦女の貞操防衛ということだった。

貞操防衛策では、その他にも接待懐柔の意味も含めて、外人のための遊女屋を設けることとなり、万延元年（一八六〇）五月、横浜港崎町に外人専門の遊廓が設置開業された。有名な岩亀楼もこのときに出来た。そして文久二年（一八六二）には、遊女屋七十軒、茶屋五軒、芸妓屋十九軒となったという。

明治となってからも、外人の高官がこの遊里に遊ぶこともあったが、それよりも異人館に遊女を連れて帰ることを望んだり、居宅に幾日も置いて妾のようにしたがったので、遊廓では妓の「出張制度」を設けて、送り迎えした。しかし、やがて私娼の類に、この「一夜送り」の遊女を真似て、外人館に出入させたりする者があったので、明治三年三月太政官令で、

官許遊女屋のほか、外国人館に遊女態者差送り禁止。

を命じたのである。

また一面には、オランダ領事ボルスブルックの妾となったお島を始めとして、話題となった「らしゃめん」も少なくなかった。外国高官に見染められてぜひ妾にしたいと、さまざまに手を廻して要求された者も

あり、異人館出入の者が洋妾を斡旋する者もあったりして、中には素人女が稼ぐのはこのときとばかりに、売春婦に転じ、洋妾を装って乗込むものも出て来た。

だが当時、一般の人々の間では、外人を毛唐人だの異人などと呼び、獣のような人間だと思い込んでいたから、その妾になったり、相手になって身を任す女たちをひどく侮蔑した。

そんな風であったけれども、一方当時の役人間には、いわゆる売春外交の意味から彼女らを利用したい考えもあったため、「洋娼」はともかく「洋妾」まで取り締まるわけには行かなかった。そこで一般人心への思惑もあって、これらの場合には、すべて一応遊女屋の手を通じて、遊女屋の妓として差出す方法が採られたのである。

いわゆる「らしやめん」についての文献は、昭和七年（一九三二）版の『横浜市史稿』や、昭和六年刊、中里機庵著の『綿羊娘情史』などにやや詳しく記されているが、問題になった「洋娼」、「洋妾」は、昭和の戦後にも再び現われ、ここではその様相も大いに変化しているところに、また時代的なものが感じられるのである。

銘酒屋女

明治十年、浅草奥山の「矢場女」が全盛で、矢場は十八軒あった。明治十八年五月、それらの水茶屋、楊枝店、揚弓場などは浅草六区の大勝館裏、日本館の近くの路地裏などに移転を命じられたが、ここにあった七、八軒の揚弓店が後の銘酒屋の嚆矢であったという。

『売春婦異名集』銘酒屋女の条には、

私娼たる「矢場女」の廃れし明治二十年頃より、東京市内の各所に表面は銘酒の一ぱい売りを看板にして、その実は数名の私娼を抱え置くこと流行せり。大正年度に入りし前後は、浅草公園裏に数百軒の銘酒屋と称する私娼窟でき、官の黙許を得て公然営業し、今尚存在せり、世俗この私娼を「銘酒屋女」と称す。

とある。この銘酒屋というのは、あたかも戦後の青線の飲み屋のようなものだったのだが、この時から明治四十年ころまでは、芝、麻布、日本橋、本郷、小石川、下谷などの各地に現われたけれども、取締によって壊滅し、明治四十四年には浅草が残っているだけとなった。

これがいわゆる浅草十二階下の「魔窟」だったのである。

私娼窟のことは遊里のところで述べておいたが、明治の銘酒屋は私娼街の元祖であり、もっとも有名となった浅草十二階下の私娼窟は、浅草寺境内に起った「矢場女」からで、浅草公園との因縁が深いわけである。

浅草奥山といったのは観音堂の裏の方で、ここには見世物や水茶屋、矢場などがあった盛り場だったから、観音参詣の人々もこのあたりまで足をのばす者が多かった。

明治六年、浅草寺境内が公園に指定され、明治十八年には奥山の水茶屋、楊技店、揚弓場などの移転を命じ、区画改正で明治十九年には公園を七区に分け、四、五、六区が定められたのはこの時だったという。

十二階が出来たのは明治二十三年十一月だったというから、その間、六区の中に矢場女のいた家が幾軒かあったわけである。それらが後には十二階下の魔窟に集結したことになるが、十二階下の私娼地域は六区外の千束町である。

銘酒屋の名を称していた店が、六区にも浅草公園の銘酒屋として幾軒かはあったらしいが、一般には十二階下の方が有名だった。

明治四十二年五月の『報知新聞』掲載の記事として、喜多川周之氏が雑誌『愛書家くらぶ』に報じたところでは、そのころ公園六区と千束町の両三業組合が衝突を生じていたが、それは由来、両組合間にはいわゆる淫売婦の玉代協定があったのだが、昨今の不景気で、千束町の方はやむなく協定価の半額ぐらいにして客をとっていた。公園の方では取締も厳しく、自然と千束町の方に客を引かれる有様だったから、五区と六区の銘酒屋業者が相談して、ぜひとも協定価通りに実行してもらいたいと主張した。ところが千束町の方のいい分は、ここへ来る客は公園を通り越してくる客で、さらに千束を過ぎれば吉原だから、ここで食い止めなければ吉原に客をとられるだけのこと、千束町の安売りは公園の方には影響はあるまいと。そしてこのころは、ほとんど二十銭、三十銭で商売していた——といった意味のものである。

この銘酒屋は明治三十年ごろには七十軒あり、三十五、六年ごろには娼婦五、六百人になっていた。そして十二階下の全盛は日露戦争直後のころで、大正七、八年ごろには吉原土手のあたりまで二千人の多きに達し、その中心が十二階下だった。

明治三十五年ごろの銘酒屋の有様は、二坪の土間か、板の間が表向きの銘酒屋の店頭、卓子と椅子が二、三脚、棚や卓上には各種の酒瓶が並んでいたが、けして酒など飲ませるところではない、注文する客は野暮の骨頂、これらの瓶は麦茶の煮がらしが入っているか空瓶で、月に五、六銭の損料で各種の瓶を貸すところがあったという。遊び代は半時間に一円、十分間で五十銭ともいわれていた。

後年の亀戸、玉の井の型とはだいぶ違っている。

明治四十三年の千束町銘酒屋で、表通りという絵葉書に見えるものでは、一間の出窓に三尺の出入口、軒灯には屋号を記したガス燈のある平屋建、または二階家である。しかし魔窟の取締が厳しくなり、軒灯を禁じられたのは明治四十二年七月だった。

矢場女

『売春婦異名集』白首の条には、

江戸時代の末期、明治の初年頃より東京にて私娼たる矢場女、銘酒屋女、茶屋女、夜鷹等を云う。又京都及び大阪にては専ら辻君を云へり。白粉を首に濃くぬりつける故の異名なり。

とある。銘酒屋女は矢場女から転じたものだというが、もちろん、それだけではなくて白首女の類が交っていた。

俗に「矢場」というのは、「揚弓店」のことで、矢取女がいた遊び見世だった。「並び」と称して浅草奥山にもっとも多く十八軒も軒を並べていたという。明治四、五年ごろには四、五十軒もあった。俗謡に〝矢場の女と破れ傘〟と謡われたのは公園地改正以前の「矢場女」で、美人が多かったというが、それを目当てに通っても、なかなか物にならず高価についた。しかし、これも後年にはほかの売女同様に安値妓となり、そして姿を消していった。

明治三十五年の『文芸倶楽部』に報ぜられているものでは、

二間の間口に細い硝子入の腰高障子をたて、紋ちらしの御神灯を出し、揚弓店の板看板が出ている。この矢場は浅草に限らず市中他の地にもあったが、このごろでは浅草、馬喰町の郡代、芝神明以外の店はなくなってしまった。女が跣足でとび出して来て客を捉えたり、帽子、煙草入、風呂敷包などを取りあげて強引に連れ込むなどしたのが、取締がきびしくなり、また酒配屋という手軽なものが出来たから、その方へ転業したからである。それでも、若いきれいな女が居れば客はあるが、めったなことをすれば直ぐ拘引されて五十銭の科料を食わされる。だから夜の十一時から翌朝まで一円なら、安待合、旅館、曖昧屋などへ出掛けるのもあった。

二、三年前までは一ケ月二円か三円の給料で来た女も、今は切半だの七三だのとの約束で雇われ、客があれば大手を振って外泊するといった有様、女も今日は黒縮緬の羽織に糸織の上着、黄八丈の下着を重ねているかと思えば、明日は小紋縮緬の羽織にお召の二枚重ねといった調子、髪は島田、銀杏返し、あるいは夜会結びをもっぱらとした。

店の弓矢は飾りだけ、客と長火鉢の前に話していたかと思うと、たちまち的裏の三畳に隠れて、客だけ裏口から送り出す。この妓が店頭から姿を隠すと、表と裏には必ず警戒の者が立つ、これを「見張」といって、見張の出方で同業者間には繁昌の様子が知れたし、もしもこの見張も出ず妓も姿を見せないときは、外出であり、早ければ一時間、おそくて二時間でちゃんと店に戻ってくる。夜ならば遠出といって温泉宿などへ出掛ける者もあるが、こんな時には抱え主に五円位の土産は買って帰り、月収百二、三十円は確かだから、当人の手取も六十円以上はあろう。大抵の妓は近所に借家してそこから通勤しているのである。

と概略をこのように報じている。

現代のバー、キャバレーのホステスに似たところが多い。女を置いて客を呼び、さまざまな名目で恐ろし

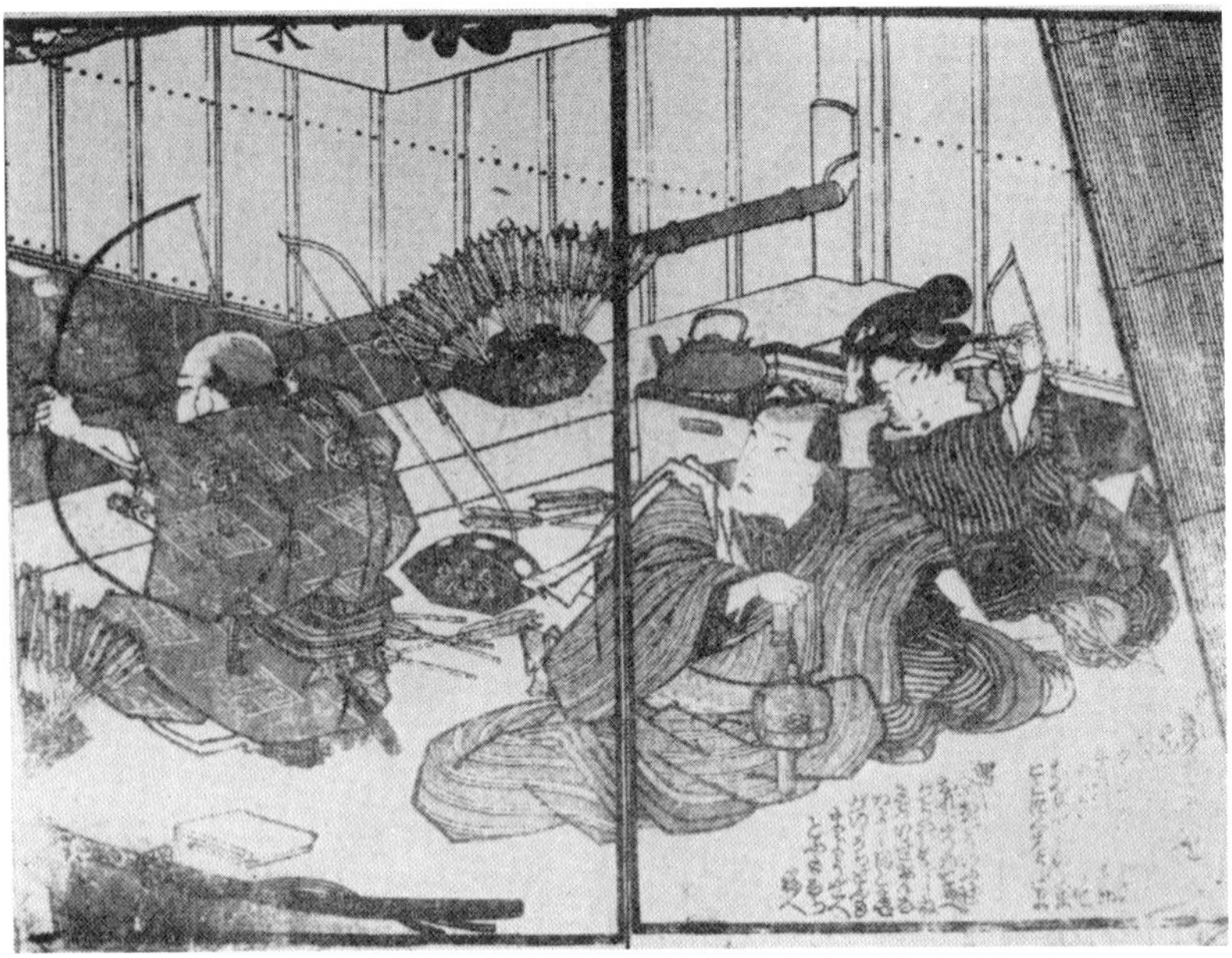

矢場

く高い飲食代をとっても、設備やその他で多額の資金がかかり、ホステスには高給を出さなければ集まらない。その上特別の稼ぎは女と客との直接取引では、なんのことはない高給を与えて、女の特別の稼ぎ場を作ってやるようなもので、馬鹿げた商売である。

客の方もそれほど好みもしない飲食物に高い金を出して、結局女を探しに行くだけだとしたら、おいおい来なくなって、ほかの連絡方法が考え出されるのは当然である。

さて矢場の店の様子だが、内を覗くと、赤毛氈の上に黒塗扇形の矢箱へ、玩具のような弓と矢が七、八本ずつ二組ほど置いてある。その奥三間ばかりの突当りに、大小三、四個の的が吊されていて、客は毛氈の上に座って的を狙うのだが、たいていは外れで、当れば妓が〝当リイ〟と呼んで太鼓をドンと鳴らす。あとで矢を集めるのが「矢取女」、片隅には長火鉢があって、女たちはここに立膝で座るもあれば、長煙管を手にしながら、表を通る客を呼び込むのもある。

　これが揚弓場の矢場であった。

　この他に「大弓場」というのもあったが、これはやや本式の矢場で、羽目板に十余張の弓をかけ列ね、弓小手を備え、的も的の距離も規定があったという。だからこれは本当に弓の稽古場といった形なのだが、浅草のは、やはり矢場女の店で、この店には男気は一人もなく、女だけ居るのである。それにしても、ここには隠れ部屋はないのだから、一見神妙そうには見えるけれども、妓は客を連れ出して外へ行けばよかった。相場は五十銭を下とし、二円を最上としたといわれ、揚弓場の妓よりもやや高級だったから、家によっては若い美人がいたという。

曖昧女

　これも明治期に現われた娼婦である。「曖昧茶屋」といって小料理店に芸者と称して客席に出る白首党の私娼の居る店もあった、その他、宿屋、そば屋、汁粉屋などにもあり、駄茶屋の老婆が二階貸しをしている素人屋もあった。本業らしき商売を持ちながら、娼婦を出入させている怪しげな家との義なのである。

『売春婦異名集』曖昧女の条には、

　明治初年頃より三都及び二三の地方にて行わるる語なり。曖昧とは明白ならず薄暗しとの意にて、素人でなく公娼でもなき曖昧なる女との義なり。

京都芸妓の事を記せる昭和十年の『鴨京新誌』に曰く「往時妓輩皆擁㆓二三狎客㆒而無㆑禁也、新令一播、建㆓妓一客之利㆒妓既実㆑情、乃認㆓其客之姓名貫籍㆒緊封而送㆓之券番局㆒赤縄絶之日、又乞㆓其記㆒而帰、

其既獲レ客者、絶不レ許下其狎二昵上他一也。而猶有二狎客一俗呼レ之日二曖昧一、曖昧者官之所レ禁也、故定情之客、媒酌之楼得三公然問二曖昧之罷一焉」、これは特殊の曖昧女とするべし。

曖昧女の出入する家を曖昧屋又は曖昧宿と称す。『弁海』に曰く、「曖昧屋――職業の明かならざる家、多くは秘密に売淫婦を抱え置く家をいう、地獄屋、だるまや」。

とある。漢文体の記のものは芸妓は往昔は二、三の旦那を持っても差し支えなかったが、一妓一客制が出来てからは定まった旦那の氏名を券番に届けて、他に旦那を作ることを許されない。旦那以外に情客をとる者を曖昧女といって禁じられているところである。楼でも曖昧はとがめることが出来る、との意味である。

これら私娼家にはさまざまな別称異名があり、「地獄屋」は昔からあった名であるし、「だるま屋」とはよく転ろぶ意の関東の俗称だった。関東、東北には「後家」の通称もあり、「牛屋」との名もある。以前北海道の「そば屋」は有名なものであったし、九州別府には「赤あんどん」の家があった。

明治期のいわゆる「素人屋」では、駄菓子屋の老婆住いの家などで、その二階を貸席にしているのがあって、妓が客を連れて裏口から声をかけると、それが合図で「お上んなさい」と返事があれば、そのまま二階へ通る。もしも「どなた」とか、「ハイなにか……」といえば先客のある挨拶なので、妓らは他へ廻るより仕方がなかったという。

大正期以後の「素人屋」は、盛り場近くの裏街に妓が二階借りをしていたり、あるいは召使の老婆との二人暮しの「安めかけ」の密娼などが客をとり、朧朦車夫と呼ばれた人力車夫が客を引いて案内して来た形態のものだった、この種のものは街娼とともに各時代に行われ、戦後にもアパート利用のものが現われている。

戦前、地方にはカフエーでこの式のものがあり、階下はひまそうな粗末な店である。客を見て二階で飲まないかと勧めるが、酒や一品料理を出し、二階座敷での飲食は案外に金がかかる。これは妓が店に対する稼ぎなのであって、利益をあげさせるためなのである。そして売色のこととなると、その代償価と同時に他の妓への祝儀を出してくれといい、妓の頭数で祝儀を渡すと、これが客をとる合図とも挨拶ともなって、他の妓は席から姿を消してしまうのだった。

白首

明治の私娼といってもその主なるものは、だいたい江戸の私娼の継続で、盛り場はやはり同じ場所が繁昌していた。これらを見ても私娼になる女の系統は、よほどの世相的変化のない限り、そう新しい形態は生れないし、娼婦になる女の経路とか性格的にも、ある種の系統があるように思われる。

それから、彼らの稼ぎ場であるが、それも一度娼婦の盛り場となったところは、たとえ取払いになっても、また再びそうした場所になりやすいのは不思議である。

明治十七年ごろ、東京に「白首」と称する私娼が出現した。

日本橋蠣殻町、浜町の中芝、芝神明、千住、飯田町、本郷根津、麹町、浅草寺附近、本所、深川の一帯に派生した。隅田川を境に本所、深川組を「露淫」と呼び、川手前を「白首」と称して置屋を稼ぎ場としていた。一町内に二、三軒から十軒ぐらいであって、全市に約七百人を算していた。低い家、暗い露路、ランプの薄暗い窓から人を招いては腐肉を売っていたのである。

とは『日本売春取締考』に掲げられた一節である。「露淫」というのは後にいう「引っ張り」であり、昔の夜鷹同様の街娼である。「白首」はいわゆる「巣鷹」で、同種の賤娼ではあったが、客を家へ連れ込んだり、屋内から呼び込んだりした妓である。

白首の名は顔に白粉を厚く塗っていたからで、「白鬼」とも称したのは、昔あった「地獄」の名に因んで地獄の鬼に見立てた名だったとは『売春婦異名集』の説明であるが、これには「露淫」の項目は見当らない。

江戸の夜鷹も、年を隠し、醜婦をも若く見せるために、白粉を濃く塗っていた。町芸者の売女は磨きのかかった素肌の魅力を見せるために、顔には白粉を塗らないことが流行となった時代があるが、それでも首筋には白粉を濃く塗った。ことに湯上りのときなど、その風習がよくわかるのだが、またそれが玄人女らしく思われていたのであろう。

後に銘酒屋などに遊ぶことを「鬼買い」といったのも、この白鬼買いとの義なのであろうが、あるいは遊びに訪れると、妓がすぐにお二階へとて客を二階へ上げるからだとの説もある。

「露淫」はいわゆる「野伏せ」のことで、現代の「青かん」の街娼の類である。きわめて下級の娼婦で、『乞食売春婦』でも、公園のベンチや社寺の床下、墓場などを稼ぎ場としていた者を「露淫」と呼んでいる。

浅草公園の「引っ張り」は明治十年以前に、本所吉田町、三笠町辺の「夜鷹」がここまで出張して来たのに始まるといわれているが、その後、だいぶ永く大正の末ごろにも公園の池の端辺に出没し、植込の中などを稼ぎ場所にしていた。

とにかく、この巣鷹の白首が矢場女などに交って後の銘酒屋女と化したのだから、魔窟の娼婦は年代を経るに従って下級のものとなった。

第四章　遊びと遊客

遊びと遊客風俗

遊里の遊びも風俗的にはさまざまな変遷があった。

近代の娼婦たちが「遊ばないか」というのは、売春の買う方にならないかとの意味なのであり、それで男を満足させることを「遊ばせてやった」という。「遊ぶ」とは売春の代名詞なのであって「代償を目的として相手方と性交を行うこと」――ただそれだけだと思っている。もちろん恋愛感情など問題ではないのだし、快楽なども稼業の前にはむしろ有害無益としている。それが遊びだと考えているに違いない。

発情期の猫が、寒い夜空に幾晩も食うものも食わずに、異様な叫びを続けて争いながらも、相手を付けまわす。なぜそうせねばならないのか、馬鹿らしい。といいながらもそういう客を相手に、喜ばれて稼ぎになるように仕向けさえすればよい。それが娼婦であり、遊びだった。

娼婦の発生は、貧窮や生活の堕落からきていると見るのは、近代の客観的な考え方なのである。往昔の遊びという言葉の歴史から見ても、遊び女の売女の発生に見ても、遊楽という楽しみの間に、男女関係への発展を求めた。よしんば遊芸などをそうした情緒への到達の手段としたものであったとしても、遊芸が遊びの一部であったことは否めない。こうしたことから要約して売春は男女の性的関係を単に遊びとしたことだといえるだろう。

そこで「遊女」はまず遊芸女として起った。たとえ遊客が結局の目的は妓との情交にあったとしても、妓は稼業のために遊芸万般を身につけ、遊芸人としての自負心と、その他の教養をも相応に備えた妓として客に接したのである。だからこの時代の遊びは貴族的なものだったかも知れないが、常の庶民の遊里とはならず、下級庶民は他に相手を求めたことだったろう。

武家

吉原遊廓当初の遊客は武家が主だった。江戸開府当時は裕福な武家が多かった。それに今までは「踊子」などを邸へ招いて遊ぶことも出来たのだが、吉原遊廓が開設されてからは市中の売女は一切禁じられたし、遊女の町売りも許されなくなったから、自ら廓へ出掛けるより仕方なかった。揚屋遊びの風俗はこの自邸へ妓を招いた名残りで、それが揚屋に代ったものだったという。

新吉原となり、寛文八年（一六六八）ころから大名旗本の嫖客はようやく衰え、吉原は漸次町人の舞台となろうとしだしたが、元禄六年（一六九三）十一月には、幕府は歴々の悪所出入を戒めた令を出した。世態が華美遊楽の風潮となったからであり、町人生活の中にも上方文化が盛んに吸収流行を来したときだった。

かくて遊客に「通りもの」というのが現われた。いわゆる「わけ知り」であり、遊里のこと、および遊びに精通した者との義である。「通人」「粋人」とも称し、『日本史小辞典』には、

粋。いきとほぼ同じで野暮の反対。江戸時代、封建的身分制度に縛られた町人のエネルギーは現実享楽精神となり、はけ口を遊里に求め、ここに好色と、張りと、あきらめを三要素とする「粋」の生き方が

生れ、もてはやされ町人文学の要素となった。元禄期（一七〇〇年前後）の浮世草子、好色本、傾城物、歌舞伎、浄瑠璃などに広くみられ、性欲の露出を避け、社交的情趣を味わうを粋とした。ことに上方町人（文学）に多く現われ、江戸町人（文学）では一般生活に拡充された通《つう》が中心となった。となっている。元禄世相はそれ以前の「憂き世」を「浮世」に替え、どうせままならぬ憂き世なら、いっそ面白おかしく暮すことだとの、現実的、頽廃的、享楽的な思想となったが、そのころの流行語だった「好色」ということには、まだ一面の「風流」が含まれていた。

性欲の露出を避け社交的情趣を味わうことを粋としたという。それが通人だったのであり、遊興の席につらなる人々の喜び楽しみの中に自分を楽しむといった。人々を遊ばさせることをも遊びとしたのである。そして町人の富力を散じて、遊里の世界においてのみは封建的制度の武家支配を逃れ、自由な天地に生きようとした。

町人

しかし、こうした通人の遊びも、その後年を経て、廓がいっそう大衆化したとき、江戸っ子の職人階級者などが多くなると、ざっくばらんの開放的な遊びの傾向となり、通人遊びはかえって嫌味に思われるようになった。そして前にも述べたように、寛文八年の散茶女郎の出現と同時に、客種も武家は少なくなり、後には「浅黄裏」とか「武左」などの異名で、武骨な武士客は野暮で「ふられ客」の標本のようにさえいわれるように変った。

遊客のさまざま

妓の階級が変り、安値妓が増えると、遊客の階層も変ってきたのである。時代的変化といえばいえないこともないだろうが、妓も客も質的変化が起ったのは事実である。

「野暮客」以外に「素見客《すけん》（ひやかし）」も歓迎される類ではないが、これにも「吉原好き」とて吉原の中を毎日一度は一巡して来ないと気がすまないといった類もあり、廓の賑いを助けるものでもあった。

〝相惚れは額に格子の跡がつき〟

遊ぶ金が続かねば張見世の素見も止むを得ないのがこの社会の常であった。気概のある女郎なら達引に「身上り」ということもあるだろうが、安女郎の相惚れというだけでは、張見世の内と外とでの長語らい、格子の形が額についたとは、川柳の滑稽とばかりはいえなそうである。小咄にも、

天狗が吉原見物に出掛け、あちこちの見世を見て廻ったが、とかく長い鼻が邪魔になってよく覗けなかった。そこで格子の間から鼻を入れて覗いていると、禿がそれを見つけ「ここは小用所ではありんせん」。

これもとんだ笑い話なのであるが、「張見世」風景は、当時の遊客にとっては大きな楽しみの一つだったのである。

「大尽」客の「取巻き」「太鼓持」と「幇間」とは別種であるとの説もある。

その他に「ぞめき」客というのは、遊び人などが傍若無人に騒ぎ歩く柄のよくない客のことだが、また廓には「地廻り」というのもいた。素見客の一種だが、廓内の事情に通じていて、時には遊客同士の争いなど

には、妓楼に迷惑のかからぬように仲裁に入って始末をつけることもあった。

遊女の客には「客色」と「色客」の区別を唱えているのもあり、為になる客を妓から惚れているように思わせる手管の客色、川柳にも、〝惚れ薬佐渡から出るがいっちきき〟、〝黒焼にせずと小判は惚れるなり〟などある。

妓が商売気を離れて惚れている客を「間夫《まぶ》」という。〝間夫は勤めのうさ晴し〟、〝まぶは引け過ぎ〟などの俗言があり、男に不自由しない娼婦でも、自分から好きな男はまた格別、やはりその男とは逢いたく思うものだという。

身を売る稼業だけに、こうした男との出会いは間男でなくて「間夫」だというが、『色道大鏡』には「真夫」と書き、これこそ遊客のうちでの真実の夫だとの意なのである。

江戸の岡場所には「横板をきる」とか「ぬすみ」の通言がある。客によばれて勤めの時間中に、なにかの口実をつけて抜け出し、他で間夫に逢うことである。横板の語原は金山詞からきたものといい、盗みは目をぬすむ意味である。

明治初期の私娼の異名に「間ねずみ」との名があったと『売奉婦異名集』に見え、「つつもたせ」の類の稼ぎをする女のことというが、この「ねずみ」は「ぬすみ」の誤字から伝えられたものではなかろうか。

初会の客

初めて登楼して相方の妓がきまった客をすべて「初会」の客という。二度目に同じ妓を買った客を「うら」の客、三会目からを「馴染み」客といった。これによってそれぞれの待遇や慣習のあることは『守貞謾稿』に詳しく出ているが、同じ妓楼で遊ぶ場合、その都度別の妓を買うことは許されなかったのである（「髪切り」の項参照）。そして江戸では〝うらを返さぬは男の恥〟、上方では〝うら壁を返さぬは男の恥〟といい、一度遊んだ妓のところへは再び通わねばならないものといっていたのである。二度目には名指しで遊ぶ、そのような遊びをするのでなければ、男としても不甲斐ないというわけなのか、それとも これは妓の側からいい出した客引きの咒咀的な言葉なのか、それとも、もっと他に意味深長な含みがあることなのか、とにかく昔からの遊びの慣行では、妓は馴染になって初めて帯を解くともいわれて来た。さまざまな手管があるらしい。

芸妓の花柳界には「箒の客」と呼ばれているのもある。『俗語と隠語』に、

箒で塵を掃くように掃き薙ぎるの意。

とあり、箒は古語では「ははきぎ」といい、浮気の意となる語である。この客は一妓一交主義で撫で切りの性悪客なのである。

揚屋茶屋時代の遊びは、客が遊女を迎えるには揚屋へ出掛けてそこから呼んだのである。近代でも京阪の遊びにはこの古い伝統を伝えていた。そのとき茶屋では「逢状」とて優雅な書式で、お客誰様から妓誰をお招きだから来るようにとの知らせを持たせて呼びにやる。すると妓は付添の男衆に供させて揚屋入りをするのだが、そのとき寝具から調度品まで長持に入れて運ばせ、その他傘をさしかける男衆が供をしたりしたので、これを「太夫道中」といった。

朝帰り

翌朝客は「朝帰り」というが、妓は迎いの者が来るので「朝迎い」といったのも縁起詞だったろう。女郎屋では、翌朝には「朝帰り」の客を玄関まで送り出すが、それまで客が帰り支度をするころが「きぬ〴〵別れ」といい、妓にとっては非常に重要な一刻、いかにも別れ惜しげに客の身の廻りの世話をしたりする客扱い、その他別れの言葉、近いうちにぜひまた来て欲しいとの思い入れの様子など、それによって客はまた思い出して来たくなるのだった。

〝起請ではいけそうもない河津がけ〟

こんな場合もないわけではない。遊びの世界は永遠に神秘である。

遊興費

遊興費

遊びの費用が昔と今とではどうなのか、それを知りたがる人が多い。妓の揚代は細見などでそれぞれの時代の額が知れるし、岡場所の妓価は上林豊明氏の『かくれさと雑考』（一九二六年刊）その他の研究に記され、宿駅の飯盛代はきまりといっても相場で相対取引だったから、『旅枕五十三次』やそうした類書ともだいたい同じである。

もともと遊びは浪費だから、とくに工面しても遊びたい人々の最低計算は別として、遊びに使う金は惜しがらないのが一般らしい。しかもそのときの状況で祝儀をやることもあり、相手が気に入れば余計な祝儀も出すといった具合で、決して計算通りにはいかない。

しかも、たとえ時代的な妓価を知って見たところで、各時代の貨幣価値との比較も事実は難しいのである。なぜなら、その価額価値は、当時の一般物価と比較されねばならないし、一般生活に要する金高とにらみ合されねばならない。

江戸時代には武士の俸禄が米できめられ、米で支給された。必要な金はそれを売って所持したが、米価にも変動があり、年貢米は土地に対して課したけれども、米価は概して安く計算されていた。そこで米価が生活経費に占める割合はそうたいしたものではない。むしろその他の物価が割高で、ことに贅沢品とか注文品は高く当ったのだが、生活の規模や様式が決して現代のような自由は許されていなかった。

百姓、商人、職人など庶民風俗に分相応の服装なり持物なり、暮しの上にもそれが要求されていたから、金さえ出せばどんな贅沢な真似をしてもよいというわけではなかった。職人でも親方になればどれくらいの家に住み、どのくらいの服装をしてもよいが、ただの職人ならどんな服装と、慣習がきまっていた。それを逸脱した者は軽蔑され、「ざまを見ろ」との言葉は、すべて分不相応な容姿、態度、行動をした者への罵声だったのである。

いって見れば生活水準が違い、それで日常生活は案外に呑気に暮らせた。金はなくともたいして困らないで通せたのだから、その場合の金額の価値は、大金は確かに素晴らしいものだったに違いないけれども、普通では使い途がないものだったし、それがなくとも一向に差し支えないといった状態だったと思われる。

こうした生活水準の中での金高の実際価値というものは、あるいは他の物価との比較は出来るにしても、必要の度合において異なり、それだけに感覚の上でさらに異なる。だから比較は難しいというわけなのである。

明治になってからでも、まだそうした事情は多分にあった。暮しが楽でよい時代だったということは、そんなに金を持たなくとも生活が出来たということであり、遊びの金を多少多く出し過ぎても、遊びが続けられないだけで、生活には困らなかった。必需品物価のことだけでなく、社会生活が気楽で、個人的享楽を求めて遊ばないでも満足していたことになるか。

揚代と物価

しかし、もう少し具体的に遊興と揚代について記して見よう。

妓価つまり揚代は妓種と時代的な相場とによって定められ、また妓楼によっても多少は違った。だからこれらを年代的変化に従って、まとめて書いている書物はないようで、前にも記したように『細見』によって見るほかはない。

戦後のパンパンの言葉に、外人は幾日つき合っても料金はいっただけ、きちっとしかくれない。だから外出したとき、いろいろと買いたいものをねだれば、それはよく買ってくれる、とのことだった。つまり稼業と見て取引は取引、好意的な贈り物は別と割り切っているということになるか。

日本人でも古来遊びをする者は概して金に細かい。自分の遊ぶ浪費は惜しまないのか、それともそういう社会で顔をよくしたいとでも思うのか、女の手前、見栄を張るわけなのか知らないが、それ以外の者から借金を申し込まれたり、余分の金があるなら与えたら、どのくらい役に立つか知れない金でも、それは出さない。

こんな点でも調べたら面白い問題となるかも知れないが、遊びの妓価にしたところで、それらはいったい何を根拠に算出したものなのか、それらの事情を研究した書物のあることも聞かない。

それはともかく、古いところから『傾城色三味線』(元禄十四年版)によると、

〔島原〕
太夫　七六匁　引舟一人付揚代　うち揚屋の取　二三匁
天神　三〇匁　〃　一〇匁
かこい　一八匁　〃　八匁

〔新町〕
太夫　六三匁　引舟共の揚代　うち揚屋の取　二三匁
天神　三〇匁　〃　一〇匁
かこい　一七匁　〃　八匁

〔吉原〕
太夫　七四匁　元禄に価上の揚代
格子　五二匁
端　切り五匁、三匁その他

この書は「遊女名寄」が巻末についているだけで、まだ細見形式が整う以前のものだった。この匁計算は

江戸の初期には五〇匁が一両とされていたというが、その後はだいたい六〇匁が一両と数えられるようになった。『庶民と江戸川柳』（一九六五年）の著者阿達義雄氏には『川柳江戸貨幣文化』（一九四七年）の別著があるが、前書中にも川柳に現われ貨幣比価や物価が出て来る。それらによると、

・江戸時代を通じて行われた貨幣比価は、金一両が銀六〇匁、銭なら四貫文（四千文）。省百勘定というのは九百六十文で一貫文。波銭一枚は四文。

・米は大体一石で金一両、銀では六〇匁、銭では四貫文。・升は四十文から六十文だった。

・化政度の庶民の中流階級で、手頃の出しよい額は一分（一貫文）ぐらいだったという。このころになるととくに贅沢を得意にするような庶民階級者は少なくなり、高い物は買わなくなったという。このことは遊里においても揚代の高い妓は流行らなくなったと同じであった。

・妓価関係の数字では、明和時代の上妓（昼三）の揚代三分。一分二朱の交り見世、二朱の小見世、百文の切見世。

・中級妓は一分、馴染の祝儀でヤリテ一分、紙花が一分、台の物が一分。四ツ手駕籠の酒手が一分。素一分の客は歓迎されなかった。

・夜鷹二十四文、船饅頭が三十二文、けころ二百文、岡場所の妓価のさまざまは『かくれさと雑考』などにある。

・その他の物価では、獅子舞にやる祝儀が十二文、おひねりの祝儀はたいてい十二文が例だった。明和ころの下級武士の給料が年三両、下女下男の給料が年二両、お針の出来る下女で一両二分から二両、信濃者とて冬期江戸に出稼ぎに来る米搗き、薪割りの労働賃金が三ヶ月で一分（天明ころ）、一分は一両の四

分の一だが、庶民で普通一分の金を持っているのは大金だった。その三ヶ月の労働賃金に当る一分でも、吉原へ行けば相手にされないほどだったのである。

・明和七年ころ、十九文下駄とて商売女がよく履いた日常下駄があった。髪結銭が二十八文。銭湯は後には十文となった。

植原路郎著の『そば事典』には各種のそば代の変遷のほかにも、江戸時代の物価のいろいろが載っている。明治六年の『小学読本』巻一には、

天保通宝、寛永通宝、文久通宝、同（文）右四種の貨幣を銭という。徳川幕府のときより今日まで通用するものなり。小判一分銀、一朱銀、二朱、二分金、この五品の貨幣を金という。

と出ているように、そのころも金銭といってこれは別に考えていたのである。そこで受領証にも金何円と書くのはよいとして、金何銭とすることは正確にいって誤りだった。明治の兌換券とて紙幣にもこの額は要求があれば金貨と交換すると書いてあって、一円以下は銅貨で渡されるのは拒むことが出来たのだった。

明治になって計算しいいように一両一円とし、銭は十銭一銭と数えるようにした。昔の銭は、寛永通宝は四貫文で一両だったが、慶応年間になると七貫文が一両とされ、さらに明治元年には十貫文一両になった。

別項遊里の広告に掲げた遊び代は安く広告されたのであろうが、慶応四年のことで、

新吉原角町　万字屋茂吉

座敷持遊女　金一分の所　銀十二匁

部屋持遊女　金二朱の所　銀六匁

内芸者　　　金二朱の所　銀六匁

但し御酒正宗御肴会席真似会
新吉原京町二丁目　大和屋石之助
座敷持遊女　金一分の所　三朱
部屋持遊女　金二朱
揚新造　金二朱の所　一朱
内芸者　金二朱の所　一朱
御酒正宗極上品召上り次第御宥吟味
新吉原京町二丁目　金沢屋庄助
座敷持遊女　金一分の所　二朱
部屋持遊女　金二朱の所　銀五匁
揚新造　金二朱の所　銀四匁
内芸者　金二朱の所　銀四匁
安政元年の江戸町一丁目大黒屋文四郎のものでは、
遊女揚代金三歩に付
御酒、吸物、硯ぶた、鉢肴、三つ物。
同　金二朱に付
御酒、吸物、硯ぶた、三つ物。
同　金一分二朱に付

御酒、吸物、御口取、三つ物。

同　金一分に付

御酒、吸物、御口取、二つ物。

同金二朱に付

御酒、吸物、二つ物。

芸者揚代金二朱に付

御肴一種、下戸の方には御口取、薄茶。

となっている。天保改革のころ贅沢品は禁止となり、値下げを命ぜられたものもあったが、その前は上酒一合が四十文だった。次に明治三年九月の東京新島原中万字屋その他の広告にあるものでは、

太夫（呼出）昼夜揚代一両二分

座付吸物二種、三つ物台一枚、極上酒。

妓郎（おいらん）昼夜揚代金一両

座付吸物一種、二つ物台一枚、極上酒

だった。

明治三十一年時代のことで、植原氏の『そば事典』に記されているものに、そばのもり、かけ一銭五厘、米一升八銭。このころ官吏の俸給、判任官の最高級は月給七十五円、かりに月給十五円の者がそば一杯食べるとすると、その支出は千分の一である。今日一万円の者が五十円のそばを食べたとすれば、その支出は二百分の一に当る。むかしは暮しよかったというのは、こうした日

常の一面にもうかがわれる。

とあるが、昭和初期で判任官の最高級が月給百十円だった。東大出の初任級が三十五円という相場、それで昼食に丼物の三十五銭を食べると支出は百分の一、金持の息子でないと勤まらない。昭和の初めごろは最も物価が安いころで、帝国ホテルのグリルの定食が八円だったが、市中の最低のめし屋へ行くと、カツ一枚が七銭、十四、五銭も出せば腹一杯食べられた。労働賃金一日五十銭から二円くらい、食うものと住むことに金がかからなければ、一般には暮しは楽ということになるが、遊びの費用の高くつくことは誰もあまり苦情はいわない。むしろそれを得意とし見栄にする。江戸っ子なら「ざまア見ろ」というところであろう。

妓価のさまざま、遊びの費用などで、この他のことは拙著『遊女の生活』に掲げておいた、参照を乞う。それから古今の揚代異称とその意味するものの区別などは、興味ある事項であるし、判然としておく必要もあるので次に掲げることにしたが、もう一つ追記すれば、宝暦のころ、銀六十匁（一両）の妓をあげたとして、引手茶屋の払い、その他酒肴の代、祝儀などを会計すると、どうしても五両は必要とされたというから、容易なことではなかったに違いない。

次に明治十七年二月に規程例を示された売上高記帳に現われた数字を見ると、一日の客数六十二名、玉数八十一個、総商高七十七円四十四銭。娼妓揚代（玉八一個分）二十四円三十銭、酒肴飯料（台の物）五十二円三十九銭、芸妓揚代七十五銭、貸座敷高十二円十五銭（娼妓揚代の折判高）、娼妓稼高十二円十五銭、賦金一円五十四銭九厘（総商高の千分の二）、飯料十五銭（入院娼妓一人一日の食料）とあり、これで収入内訳、妓の稼代などの割合も知れるだろう。

近代の遊興費は『全国遊廓案内』に各地のものが出てくるし、芸妓のものでは『全国花街めぐり』に掲げられている。

揚代異名

妓を呼んで遊ぶ「揚代」は妓品階級や遊びの場所、時間、方法などによって異なり、もちろん時代的な変遷もあった。

『遊里細見』はもとは遊女の名寄から発達して、後には遊里案内書となり、娼家別に遊女の名を掲げ、さらに名の上部には等級を示し、それによって揚代の額もわかるようになっていた。

揚代の異称もさまざま行われ、

纏頭、花代、庭銭、集礼、揚代、雇銭、勤銀、線香代、ろうそく代、時間代、お座敷代、玉代、曲代、芸代、遊興費、星代。

などがあり、特別祝儀、泊り花、枕代、口留金など特殊なもの、二つ一、八分など妓種によるもの、通し花、もらい花など遊びの種類方法による称もあり、『全国花街めぐり』『全国遊廓案内』その他の遊里書にもしばしばこれらの名が出てくるから、説明がないとわからない。拙著『遊女の生活』中にも、この揚代の変遷や、時代的価値の比較などについて、やや長文にわたって記述して置いたから、ここには基礎的ないくつかの事項を説明するに留める。

〝遊び〟が由来音曲歌舞の演席に起ったから、揚代なども祝儀的任意の贈与形式によって発生している。それがやがて演技や出演料の形となり、さらには時間的計算による稼業料金として唱えられ、後には売色の枕席を意味する遊び代となった。

「纏頭《てんとう》」 昔宴席で遊芸をして見せた者には、褒美の印に祝儀として着ている羽織などを脱いで与える習慣があった。すると受けた方ではこれを頭に戴きまとって礼の挨拶をしたので、祝儀の意の名となった。

「花」 昔は人に物を贈るに、草木の花の枝に添えて贈ったので、祝儀、贈り物を花といった。川柳には〝はさむによってみす紙と名付けたり〟との句がある。これは破礼句なのだが、御簾にも花など押した。遊里での祝儀には花の称を用いているのが多い。

売色代をも花と称した一説には、下関赤間の遊女の起原に関連して、源平壇の浦の合戦に破れた平家方の女官が岸に流れついて隠棲した折、やがて生計に窮し町に花売女として出で、ついに売色するようになった。そこでその代償を男達は花代と称して与えたので、遊里に花代の名が行われたという。このことは『日本遊里史』にも載っている。

しかしまた美しいものとの譬えから、花を女の義に用いる。解語の花、花嫁などもあるし、『川柳辞彙』には花を生娘の異称ともいっている。

「祝儀」 祝の儀式、祝意を表わす意味の引出物の義である。

「庭銭」 昔は年貢のことを記した帳面を庭帳といったことは『日本永代蔵』にも見える。『古語辞典』には、にはせんとて、昔京都の遊廓でいった語、正月、三月、五月、九月の節句に、かねて約束した客から遊女その他の者に出す祝儀のかね。

とある。奈良木辻の廓では近代もこの称を用いていた。

「集礼」 酒礼と書いたのもあり「しゅらい」と訓む。雑用、諸入費のことである。『本朝若風俗』には、「銀二両程のしゅらい」とあり、「しゅらい銀」などともいった。『野郎絹ぶるひ』には、「酒礼入用は客よりとるべし」といっているのがある。

「揚代」 一般遊里語として用いられ、遊興代のことである。古くは、みな遊女は揚屋茶屋へ呼んで遊んだから、妓を呼んで遊ぶことを揚げるといい、その代金との意であろう。蔭間は揚げるといわず逢うというのが例だと古書に見える。

吉原の妓楼では玉帳を水揚帳と称したが、これは揚代その他の売上代金の記入帳で、ここにいう水揚とは、商品を船から陸上げするとの意から、商家で収納、売上金に用いられる語なのである。

「雇銭」 妓との遊び代をいい、『辰巳之園』おたびの条、『稲光舎随筆』ときわ町の条にこの称がある。

「勤め銀」 『塵塚談』には花費（つとめだい）の訓がある。『旅枕五十三次』中にも、飯盛女に「つとめ」を先に渡しておいたからとの文がある。妓からすれば勤めの代金となる。

「線香代」 扇屋歌扇が初めて女芸者として出現した当時、勤めの時間を線香を灯して計った。その後もこの方法は用いられ線香代と呼んだのである。

近代の花街でも、芸妓のお座敷代を線香代と呼んでいて、玉代の計算に一時間線香二本、一本何円などの定めがあった。古くからの伝統を捨て難いのだろうがややこしい計算である。大妓を一本の妓と称し、小妓を半玉というのもこれによる通称で、一人前の玉代の妓をいうのである。

線香はもと仏家で作られ、経文を読む時間に合せて長短の種類が作られていたという。普通のものの一本が灯る時間はおよそ四十五分で、この線香の時間を見て読経を打切ったのだという。

ところが一般の女郎屋の時間遊びで一時間というのも、およそ四十五分正味で合図のベルなど鳴らし、妓はお時間だといって客に帰り仕度をさせる。それから思わせぶりな愛嬌をいって、玄関まで送り出すと丁度一時間になる。

「ろうそく代」　近代の地方の廓でもこの称を用いているところがあった。線香代と同じ「時間代」となるわけだが、古書の『色里三十三所息子順礼』とて、岡場所の妓品や代価を記しているものに、蔭間遊びには「護摩代」といい、私娼には「ろうそく代」といっている。戯文の書だけれども、ろうそくは灯し代というわけだろう。

しかし『瓦礫雑考』には、中国でろうそくを灯し、一本がいくらとの料金をとったとの文献を載せている。

「時間代」　これも時間によって遊び代を計算したのであるが、昔の「切り」遊び同様、近代でも昼夜とか、泊り以外の時間遊びというのがあった。戦前には兵隊とて特別割引のおきまり料金制のものもあったが、僅かな給料のうちで遊び、帰隊の時間も厳しいのだからというわけだったろう。戦後の青線には「学割」が行われていたところもある。学生だからというのだが、それはもっぱら妓の方の好みからだった。

「お座敷代」　勤め代と同じだが、芸妓が泊りときまると、見番にその印が記入され、精算時には赤伝票で別計算になるのもあった。泊りが必ずしも「特別祝儀」の遊びとは限らないとの理屈もある。「通し花」にして初めからの時間代計算で朝まで通す制度もあり、枕席と否とは妓と客との合意に任せているから、夜通し飲めや唄えで引き廻される場合もある。

「曲代」「芸代」　演技料というわけで芸妓は歌舞音曲を演じて客席の興を助ける稼業との本義にふさわしい称である。大正ごろに盛んだった小便芸者は、それ以外の方でないと専門外だというわけで、ちょっと憚りへと座を立ち、客にばかり芸をさせて逃げを打った。

「玉代」　玉も花と同様に美しいとか、大切にされる意の言葉だが、『古語辞典』には玉（たま）は芸者の異名とある。〝玉に疵ないのが小町玉に疵〟といった句がある。「星代」と称している遊里が近代にもあったが、語義不明である。思うにその昔、細見に山形に星いくつで揚代を表わしたことに因む名であろうか。また「干代」とて揚干などいう「ほし」代との説もある。

近代は一般に「遊興飲食税」とか、遊興飲食ともっともらしい名を称しているが、かつて大正時代、私娼が盛んになり、遊興制度の改革が叫ばれた意見の中に、遊興と飲食とを区別せよというのがあった。野暮な話である。昭和四年（一九二九）刊、三宅孤軒著『遊興税沿革吏』にはこれらの関係がよく述べられている。

遊里の広告

遊女大売出し

かつては江戸市中に「湯女風呂」が流行して、吉原が不況になったとき、ある遊女屋ではひそかにわが家の妓を風呂屋へ送って、そこで稼がせたことがあった。昭和戦後のホテル売春で、ホテルが青線の売春宿から妓の供給を受けていたのとは逆で、ここでは遊女屋からのいわば委託販売だったのである。

間もなくそのことが知れて、この遊女屋は処分を受けた。いかに吉原が不況だからとて、これはいわゆる「町売り」になるから、廓の掟に違反するのはもちろんだった。

広告も廓の営業に関するものは許されていなかった。

しかし、それが法文化されて明示されたのは、明治三十三年九月の「三業取締規則」改正（警視庁令第三十七号）で、「客引を出し又は広告その他方法の何たるを問わず遊興を勧誘せざる事」というのだった。公娼の遊廓は認めているが、遊興を勧誘してはならぬとは、今時なら納得出来ない矛盾だというだろうが、以前はそこに政策の妙を感じていたのであろう。

近代においても昭和の当初ころまでは、遊里書でも遊びの内容や料金など具体的な記事があると、遊びを誘発可能にするとの見解で発禁にされたものだった。

ところが、嘉永四年三月、吉原の妓楼から前代未聞の「遊女大安売」の引札広告を配って事件となったことがあった。

嘉永元年ごろには、さきの天保改革で大弾圧を受けた市中の岡場所も、幾分取締が緩和されてきて、ようやく活気を取戻そうとしたときだった。深川の大黒屋では増改築をして「隠れ座敷」などを設けたし、「突伏し茶屋」とて座敷に出た芸者が、酒に酔いつぶされた風を装って、そのまま泊り込んでしまうというので評判になったのが現われたり、町芸者の売色が甚しくなり、ために吉原はすこぶる不況となった。さらに嘉永三年には米価の騰貴で貧民には救助米を出すといった有様で、吉原の衰退はいっそう甚しくなった。

そこで各妓楼とも引手茶屋などと提携して遊客の奪い合いが行われた。そのため勢力がよくなった茶屋の傲慢な態度を怒って、角町の万字屋茂吉、京町二丁目の大和屋石之助、同町金沢屋兵助、角町の若狭屋豊次郎らが謀って、この上は茶屋受をいっさい断り、直接自分達で遊客を引こうということになった。

遊女屋の広告引札

そこでだいたい同じような意味の文句で、嘉永四年三月次のような引札広告を市中へ配った（読みやすく

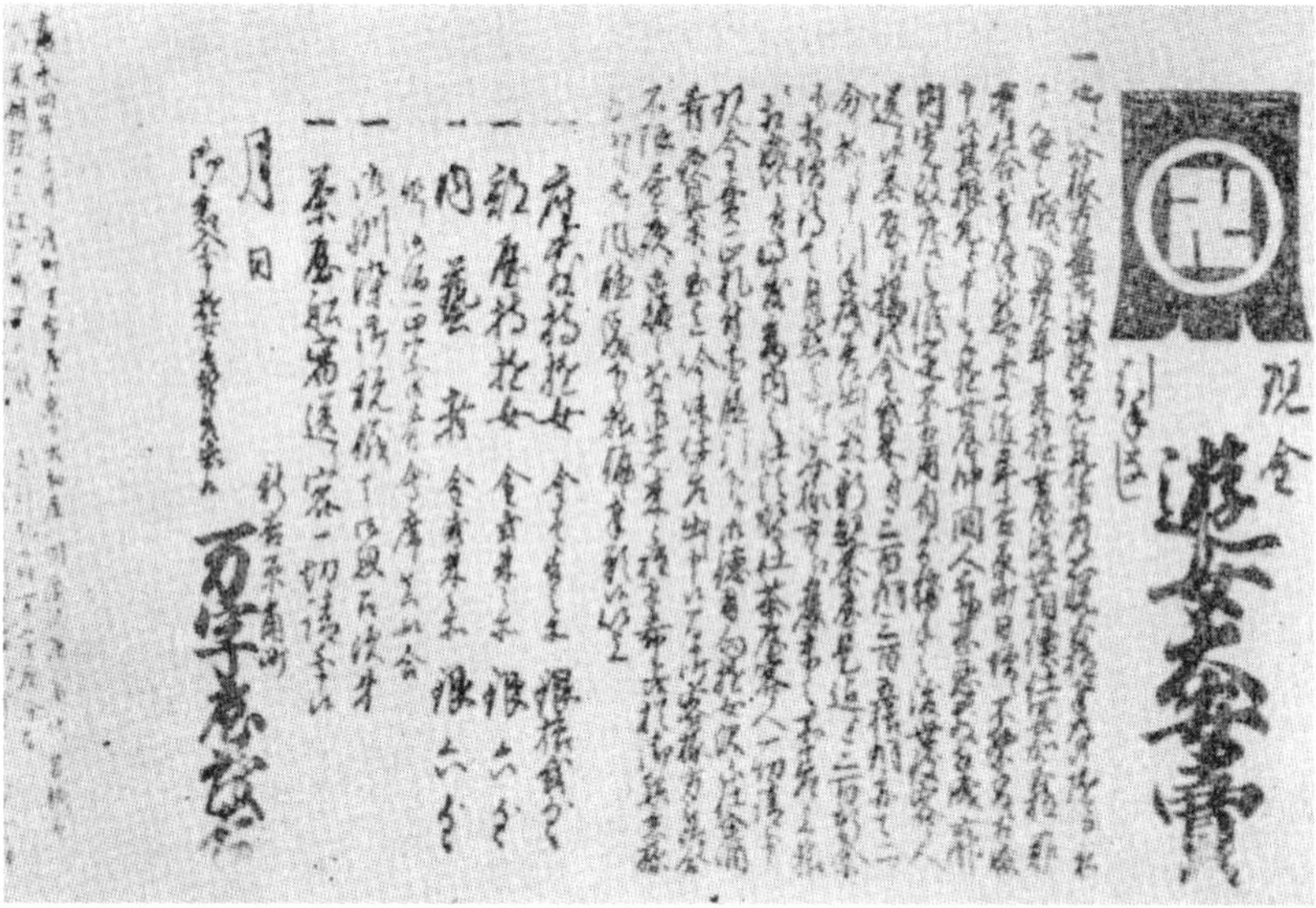

遊女大安売の引札広告

仮名になおし、返り字を読み下しにした)。

一、お客様方益々御機嫌よく御座遊ばされ、恐悦至極に存じ奉り候、随って私見世の儀、お蔭を以て年来遊女屋渡世相続け仕り冥加至極、有がたき仕合せに存じ奉り候、然る処近来吉原町日増しに不繁昌に相成申候、その根元と申すは、遊女屋仲間人気甚だ悪しく相成、廓内寛政度の議定相用いず、自分勝手の渡世致し、客人送り候茶屋へ揚代金二朱に付三百銅、三百五十銅、または二つ分けなど申し、引手銭差出し候故、新規茶屋これまでより三百軒余り相増候へば、自然と御客様方へ粗末の品差上候ように相成候に付、この度商内の仕法替仕り、茶屋客人一切請け申さず、現金売正札付値段引下げ、御徳用向遊女沢山仕入れ、御酒肴夜具等に至るまで吟味仕り差出し申し候間、御客様方仰せ合され、昼夜に限らず御賑々しく御光来の程、希上げ奉り候、猶御懇意様方へも御風聴なし下され候よう

偏に願い奉り候　以上

というのであり、その次に揚代特価を記しているが、この額は「揚代」の項に記したので略す。そして馴染祝儀は思召し次第、茶屋船宿送りの客は一切請不申候と書し、御意に入不申遊女取替差出し不申候と付記している。「遊女大安売」といい、御徳用遊女など称しまったくあきれたものだった。他の四軒の遊女屋からも同様な文句で引札を配った。

しかしこのことが問題となって、嘉永四年六月、それぞれ万字屋は十日間の渡世留（営業停止）、大和屋は八日の渡世留、若狭屋は三目間の渡世留、金沢屋は五日間渡世留の処分を奉行所から申渡されたのである。次に安政元年五月にも、江戸町一丁目の大黒屋文四郎から奉書紙に色刷で紋ちらし、歌の文句入り広告を出したが、これは揚代に応じて飲食を勉強し、余興などを加え、茶屋付のお客ふりの客も大切に扱うというものだった。

飯盛はたご屋

明治八年九月にも新吉原江戸町一丁目の金瓶大黒松本金兵店と引手茶屋とのいきさつがあって、金瓶大黒で広告を出した。活版刷で内容は安くして待遇をよくする建前から、自家で料理を作り、給仕女付という工夫、後年の等級制切符見世移行への傾向が窺われる。

文化年間には平旅籠の「浪花講」などから広告が配られ、その後は定宿の道中記などにはいずれも同様の文句が掲げられた。これは旅籠屋の広告ではあるが、そのころほとんど全国的な傾向となっていた「飯盛はたご屋」の娼婦化を暴露したものであるから、満更遊里に関係がないわけではない。

天保元年に出来た「三都講」のものと思われる河内屋の『東国御定宿』の口上書には、

近年大坂どうとん堀芝居町辺に、宿屋渡世之者多く出来、右宿より道中筋の宿屋並に御休所に至るまで、進物を以て相頼み、自分方へ引入候様相達しさせ、尚その上道中筋所々へ数多宿引を出し、おのれ方宿のみ勝手よろしき場所などと詐りを以て、旦那方を引入、御逗留中御のぞみも無之御酒肴を多分に相すすめ、その上召使の女子どもより、むたいに女郎をすすめさせ、御用無き旦那様方は、夜分の見物をすすめ、かねて引合の女郎屋へ引込、しっぽうを切、すべて何事によらず格別の高利を取り、渡世にいたし候者多く有之候に付、存がけなき御入用多分に相掛り候故、中には諸方御参詣も相止め、そのまま御帰国被遊候事に承り、私方も御定宿はすれ、誠に以てなげかわしく奉存候云々。

とあり、当時の飯盛はたご屋の娼家化がよくわかるのである。そこで旅人は地方宿場のはたご屋へも、うっかりとは泊れなくなったから、これに対して普通のはたご屋は「平はたご」と称して組合を作り、右のような広告を宣伝したわけだった。「浪波講」文久三年版の『諸国定宿帳』の掟書に見えるものは、

一、御法度之懸勝負被成候御客、宿いたし不申候事。

一、遊女買被成候御客、宿いたし不申候。

一、宿にて酒もりいたし、高声にて騒ぎ被成候御客、宿いたし不申候事。

というのもある。明治十三年九月改とある「神風講社」巻頭の口述には、

当講社の儀は実直もののみ相撰み、御客様方御便利のため此帳差出候、御通行の駅ごとに家名よくよく御正し御休泊被下度候、出立のあと御忘れもの等有之候はば、先々へ御届可申上候、且当社中にては宿引並に芸娼妓等一切差出不申候に付御心配なく御休泊奉希上候。もし連中に於てかるこ人力車夫、又は

　船場にて外宿へおすすめ申上げても、必ず御取合なく、御定宿へ御たずね被下度候也。

といっている。

　しかし近代になってからでも、地方からの上京者で、旅館へ泊るよりは吉原の女郎屋で泊り、翌朝外食した方が妓が付くだけ安上りで、結局同じだといっている者もあった。

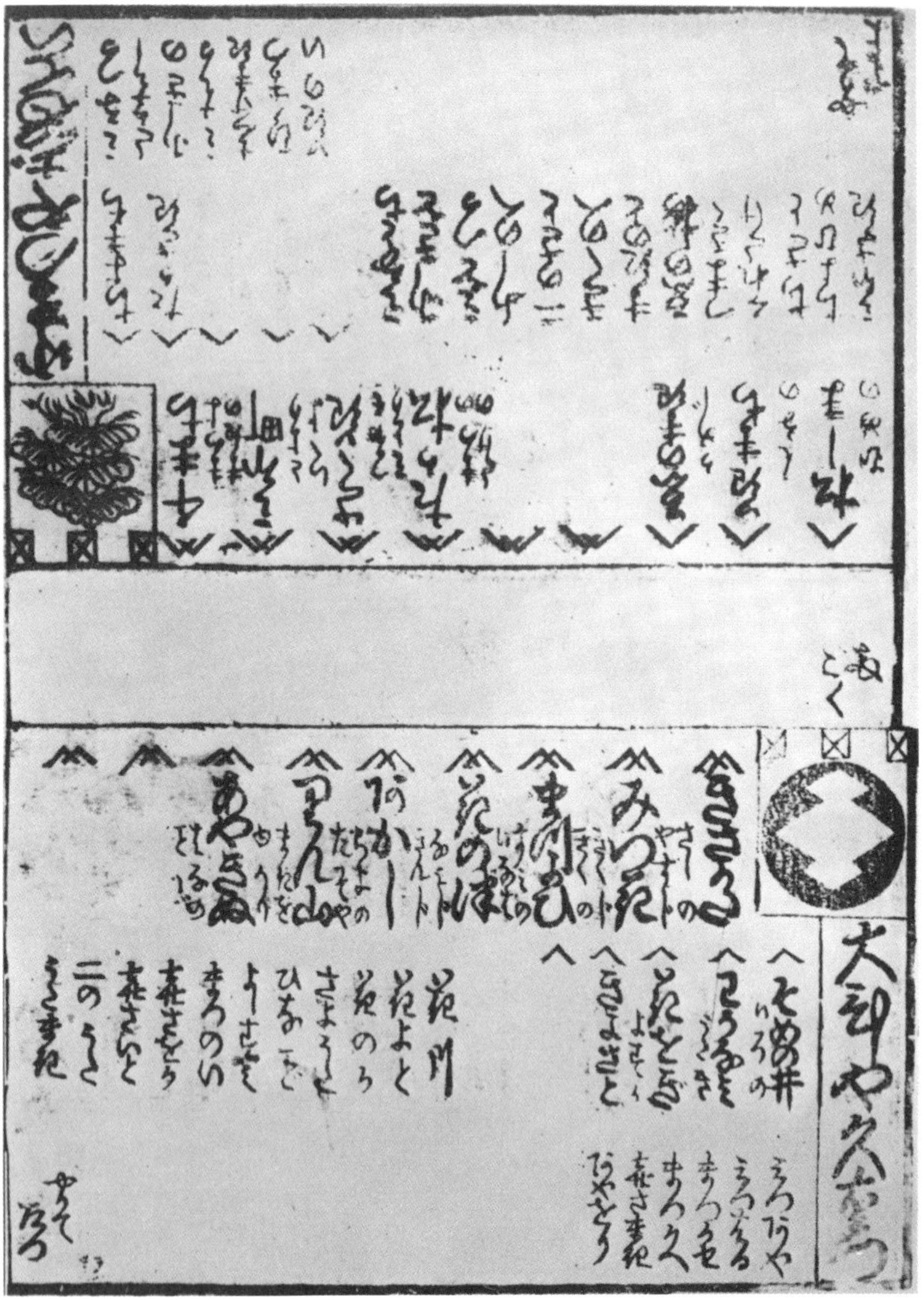

天明五年春吉原細見（五葉より）

ここに大菱屋久右衛門抱遊女「あやぎぬ（綾衣）」の名が見える。天明五年七月十四日、四千石の旗本藤枝外記が、この綾衣と吉原田圃の農家で情死を遂げたのを、後に「君と寝やるか五千石取るか、何の五千石君と寝よ」と唄になって五千石取りの三浦肥後の話にすり替えられた綾衣だが、ここには両ごくとあり、吉原ではない。

第五章　古川柳にみる廓の生活

遊びと手管

江戸の柄井川柳が、前句付の点者となって有名になったのは、宝暦七年（一七五七）だったが、その後江戸の庶民文芸としての川柳が、漸次流行し明和安永期に全盛した。

風刺と滑稽の川柳句は、浮世絵、小咄とともに、これは実に江戸庶民の間に生まれ、庶民の手によって育ったものだった。またそれだけに、これらの句の内容には、あらゆる庶民生活風俗が詠まれているのであって、ことに俗秘語など他書には見られないような、意外な言葉や実にうがった表現の洒落などがあった。

そのころこうした文芸ものが発生した社会的背景などについては、以下のような考察がある。

川柳句の流行は、上流階級の好事家だけが上品な趣味ごととして弄んだわけではなく、あるいは特殊な席に招かれた者たちが、座興的な御気嫌を取り結ぶために詠んだ句でもなかった。もっぱら庶民の間に起り、庶民の手によって育ったのだった。選句こそ行われたが、それで高名な人物になろうというわけでもないし、大衆の中でひそかに快哉を叫んでいたかも知れない。

武家権力の支配下にあって、士農工商の身分的制度は、町人はどこまで行っても武士にはなれなかったし、百姓町人は人間の数ともされず無礼の一言で死に損となった。江戸っ子の意気はあっても、結局は〝ごまめの歯ぎしり〟で勝てるわけがなく、理由の如何は問題にされなかったと云っても過言ではなかった。『古川柳』の著者も云っている。こんな時代に立派な文学が生まれるわけはない。ひたすら現実的に、そして個人的に許される限度において快哉を叫ぶほかない。またあるいは一面においては、諧謔や洒落と称して言葉のうらにもう一つの別な、辛辣な抵抗を滑稽化していったりしているのである。たとえ僅かばかりであっても、精一杯悲壮な叫びだった。川柳にはそうした庶民の蔭の人間の声が笑いのうちに含まれていたのである。

ここでは、その数多い川柳句の中から、遊里風俗に関係ある句を拾い出して見る。

傾城

傾城の称は「傾城傾国」ともいい、漢書に現われた佳人麗人を指した言葉。美人のためには城をも国をも傾けてしまうとの意であったが、わが国では後に遊女の称とされるようになった。

江戸の吉原遊廓が初めて開設許可された元和三年の「元和五ヵ条」覚書には、遊女をすべて傾城と呼び、遊女屋の名もあるが、このころの遊女は「太夫」級の上妓が中心で、才識兼備、遊芸万般に通じて優秀な妓だったから、楼主もわが家の大黒柱のように遊女を尊重していた。

遊客も当初は富裕の武家が多く、格式を重んじた人々、したがって遊女も揚屋へ呼ばれて行くのだが、見識ある態度のものだった。宝暦以後、寛政期の間にこれらの上級遊女も漸次後継者がなくなり、妓は一般に質的低下を来し、明和七年（一七七〇）から妓楼に直接遊客を登楼させるようになって、「女郎屋」と呼ばれた。そしてやがて「女郎買い」との言葉が通称となった。

川柳もこの間、明和、安永の庶民の中に流行し出したものだけに、句に傾城とあっても女郎ほどの大衆妓が詠まれているわけである。

〝今暮れる日を傾城におちつかれ〟

日が落ちる時刻にかけて傾城の落着きをいった句だが、昼遊びは暮六ツまで、時間切れに間もないというのに、女郎は夜まで引留めて揚代を稼ごうとする気か、いやに落ち着きはらっているとの句。それぞれの立場によって考えも見方も違うわけである。

〝鶏の喧嘩は勝った方で鳴き〟

俗に喜び泣きということもあり、泣くのは悲鳴だけではないが、その人なりに解釈するものだというのがこの例句である。

〝悪いくせ女房よろこび泣きをする〟

〝やぼらしい大きな声はせぬものさ〟

〝籠の鳥夜泣きをするので尚流行り〟

〝あいそうにするとは憎いよがり泣〟

〝女房が泣くたびにいるふくのかみ〟

性風俗での泣くは、思う男に処女を捧げたときの喜びと、一面には再び戻ることのない処女への決別といった、万感いい現わすことのできない泣きであり、俗諺には〝笑う門には福来る〟という福の神に擬した柳句が、泣き女房と拭き紙であった。

男は概して女のよろこびをもってわがよろこびとする徳性を持つものであるところから、客扱いを知りつくした女郎ともなれば、それを「フリ」にもって待遇するのである。つまり女郎の手練手管でフリをつけ、夜泣きをする女郎は統計上からも売れっ妓となるという。俗諺では〝鶏が夜泣くと火にたたる〟とあるのを、ここでは籠の鳥（女郎の異名）の場合とした句である。

〝根を押して聞けば娘は泣くばかり〟

念を押すのじゃないかって、いや男の根を押すのだと、川柳子はなかなか博識を強調するに違いない。

籠の鳥

女郎になることを俗に「身売りする」といい「売られる」といっていた。「前借金」と引換えに「年季証文」を入れて、いや応なしに客をとらせられたのだった。そして廓とて吉原の周囲は堀で囲まれ、大門一方口、門には「四郎兵衛番所」があって、常に見張られていて逃げ出すことは出来ないばかりか、娼家のうちにあっても決して自由な身ではなかった。だから「籠の鳥」だといわれた。

明治五年、ペルー汽船マリヤ・ルス号が奴隷を積んでいた事件で、わが国がその奴隷解放の裁判に当たったとき、弁護士から日本の遊女だって人身売買されているではないかといわれて当惑し、にわかに人身売買禁止令を出し、さらに芸娼妓解放令となり、遂に遊女屋を「貸座敷」と改称するにいたったのであるが、実質的にはほとんど変わらなかった。

そして借りた金は身代金ではなく個人的な貸借金とし、返済は妓が娼妓稼業によって得た金で返す建前にした。それでも「女衒」が斡旋したとき、妓の支度金として渡す金から、女衒の手数料を差引き、妓に渡る金は「みずきん」という。身付金の手取高の義か、不見金の内訳不明金であり、かつほとんど身には付かず、雑費に消費される意となるか。とにかく哀れな籠の鳥の身なのである。

〝不仕合せ箱の娘を籠へ入れ〟

〝鉈豆で先づ餌につける籠の鳥〟

〝股引と羽織で籠の鳥は逃げ〟

〝鳥かごのひごから抜けてどぶを越し〟(男装で逃げる)

箱の娘は箱入娘のおばこ育ちのこと。鉈豆の句は鉈豆はてんかん病の毒といわれて、その病いのある者が食うとたちまち発作を起こすから、病気の有無をこの豆を食せて試験する。〝鉈豆をくわせて女衒値をきめる〟との句もある。食わせて見てそんな持病がないとわかれば遊女に抱えられて、困窮の女もどうやらこの道なら職にありつけるとの句なのである。

『俚諺辞典』補遺には〝鉈豆を食えば狐に化されぬ〟との項がある。『広辞苑』の「なたまめ」の条には、莢《さや》は扁平刀状で豆は大きく暗紫紅色とあり、食料となるともあり、福神漬にも混えられている。しかし、この鉈豆にはどうやら秘義が隠されているようだ。つまり女陰名異名にも「まめ」の称のあることはよく知られているが、『ささの舎漫筆』には——女陰の核即ち陰核をマメという——と見え、享保二年板の『一口饅重』の中ッ腹との話では、

「なんと大家さん、夜這に行った奴を豆泥棒というのはどういう因縁でござりましょう」、家主「ハテ貴様、女の隠し所をさして豆というわサ」、「へエ、わっちらの嬶のなんざァ何んだろうね」、家主「サテ素人ぢゃから白豆サ」、「へエ芸者や女郎のはね」、家主「玄人ぢゃによって黒豆サ」、「おんばのはね」、家主「大きいから鉈豆とでもいうようなものサ」、「十六七の娘のは」、家主「おしやらく豆サ」、「こい

つはいい、そんなら天人（天女）はどういうもんだね」家主よっぽど考えて「ハテ空豆サ」。といったのがある。

〝ひよんなこと嫁なた豆がきつい毒〟

との句もあり、前記の句とも合わせて考えて、このてんかんの発作はヒステリーの発作をいったものか、ヒステリー症の女で非常に感受性の強い女は、交合中に急にこの発作を起こすことがあり、そのときには非常な力で狂い出すが、取り鎮められて寝てからもしばらくの間は、夢うつつの中に以前の情事の思い出をわめき語るので、枕辺に看護に当たる情夫とか夫であっても、他人の手前居たたまれない有様だったりする。だから鈍豆は女には毒としたり、そうした秘事にかけて詠んでいる句ともいえそうである。

しゃく

遊女の手管のさまざまは『遊女の生活』で述べたが、「てんかん」病とは別に嫌いな客などの場合にはよく「しゃく」を起こすことがある。俗言でも気に入らぬことに「癪にさわる」というが、江戸時代の小説にはしばしばこれが現われ、女子の持病のようにされている。ことに情事場面などでは気乗りのしない相手から要求されて、のがれられない間際に癪を起こすのである。

〝初会には器を貸すと思う也〟

そのくらいに稼業に馴れてしまえば平気かも知れないが、まだ好き嫌いの気のあるうちは、癪の仮病を手管として用いることがある。「しゃく」といわれた病は、胸や腹にはげしい差し込みがきて苦しむ症状のもので、そのときの介抱には女の躰をのけぞらしたら危険で、身を丸めるようにしっかりと押さえつけねばな

らぬともいわれている。『気象考』との書に女の癪を治す法として、
　癪もちの妻持ちて、いたくさし込みたらば、薬よ医者よと騒ぎせず、角のふくれを笑めるにあわせ、抱き起し、いだき居て背骨の左右を一二三……と撫でおろし見よ、下ること妙なりとぞ。

とある。この病の解釈には胃けいれんのことだとしている説と、ヒステリー症状だといっているのがある。『川柳辞彙』には、

　〝傾城の癪人を見て起るなり〟

　〝一歩出し夜の明けるまで癪を押し〟

とて、癪は胃けいれんの一種。差し込んできて胸腹が痛む病気で、女性に特有のものである。遊女などの手管を弄する者の、よくこの病気を利用して嫌な客を忌避したものである、といっている。

　〝かくらんもどうか祭りのばち当り〟

　霍乱は暑気当りの日射病のこと。この句は男の場合だろうが、遊里にかぎったわけではなく、「二日酔い」以上に心身不調の虚脱状態だが、病気ではない。「お祭り」の過剰消耗だとの句意である。同じ病気の中立てにもいろいろあるというわけ。

起請

　起請とは誓いをすること、またその文書を取り交す「起請文」「誓紙」のことである。遊里には遊女と遊客との間に〝躰は売っても操は金では売らぬ〟などとて、情事に対する真情を訴える方法として「心中立て」の風俗が行われていた。畠山箕山の『色道大鏡』（延宝六年〔一六七八〕）のなかにも、このことが記され

ていて、「誓紙」もその一つである。だが後年には妓の手管として客を喜ばせるために、真情でない誓いの詞をしたのがある。

約束証文なども古くからの世相の変化に従って、段々の推移があった。借金証文の文言でも初めは、もし約束の期日までに返済しなかったら、大勢の前でお笑い下されても差し支えない、と云っていたのが、その後になると、みんなの前で顔に唾されても苦しくない、などと書くようにもなった。

遊女の誓紙でも、書面に書いて取り交すだけでも大きな意義があったのだが、やがてはそれに血判をすることが考え出された。

何とかして真情を訴えようとして、追々に難しい手段で、ここまでにするのは偽りにはできないと思われたかったのである。だから心中立てには起請文から血判書、さらに髪切り、入墨（起請彫り）、爪剥ぎ、指切り、そして遂には情死にまで発展したのだった。

〝起請ではいけそうもない河津がけ〟

河津がけとは角力の手口、起請、誓詞ではもう効き目がなくなった時代の娼婦は、それよりももっと現実的で、直接若さに聞いて見ようとする手段とは面白い。

〝雪隠を一人出てまた一人出る〟

仮所だけは一人で満員だといわれているのに、この句の情景は不審なことに違いない。街娼の「よたか」の類が、後年には「引っ張り」と名が改まり、野天で稼いでいたのだが、この種の賤娼が考え出した意外な安全場所が共同便所だったのである。だが、取引はどんなことになるのか、それが「河津がけ」だったという。庶民の智恵の驚くべき一面が窺えるわけだが、本能的な力の発見である。

きぬぎぬの別れ

きぬぎぬ（衣々）の別れは「後朝」とも書く。遊客を妓が翌朝送り出す際の挨拶なのであり、実はこれには重要な手管が必要だったのである。客の身仕度の世話をしながら、いかにも別れ惜しげな様子にて、近々にまた是非に来てくれという。この女の一語が男にはどんなに忘れられないものか、男の心理を知りつくした遊女の演出が、彼女らの稼業の盛衰を左右した。

〝いつ来なんすはきぬぎぬの仕着せ也〟

〝きぬぎぬの後は身になる一ト寝入り〟

遊女は客を送り出してからの一ト眠りこそ、ほんとうにわれに返った眠りだった。同じ妓楼内の男衆と女郎との情事は昔から法度として禁じられていたし、女郎に男の不自由ということはなさそうなものだったけれども、勤めはしていてもやはり心に好きな男はあるもの。『色道大鏡』ではそれを「真夫《まぶ》」と呼んでいるが、そんな男衆のできた妓のところへは、この朝の一ト眠りの頃にひそかに忍んで行った。これを「朝込み」といい、朝から遊びにくる店者客の「朝参り」と区別され、また妓を揚屋茶屋へ置屋の者が迎えにゆくのを「朝迎え」、遊客が翌朝帰るのは「朝帰り」といった。

朝帰り

歓楽のあとの気の抜けた淋しさ、思い出の走馬燈を心に描きながらも、さて現実の忙しさ、せち辛さ、狐につままれたようとはこの事か。尾無し狐はそのころようやく一ト眠り、ふらりと帰る思案顔。

江戸っ子は朝湯が好きと銭湯も朝から始まっていたわけだが、きかぬ気の老人が熱い湯に身動きもせず浸っているほか、朝湯は遊里からの朝帰り者のよい思案場所だった。家の近所まで来ながらも、一応銭湯へ入って帰宅後のいい訳を考えたり、顔見知りの男にでも湯屋で逢えれば、留守中今朝までの女房の動静も聞き出せるかも知れない。

〝朝帰りそりゃ始まると両隣り〟
〝また家でせにゃあならぬと朝帰り〟
〝湯に行けと女房無性に穢ながり〟
〝朝帰り行く時ほどの智恵は出ず〟
〝朝帰り首尾のよいのも変なもの〟

しょせん、いい智恵は出ないが、それより一段と強いのは女房の権幕、女房の強くなったのは戦後ばかりではなかった。隣りの人々が心配していた活劇が始まるのだが、川柳は決して野暮な観察はしていない。〝また家でせにゃァならぬ〟との決意の作戦が何であるかが問題なのである。

付き馬

落語にも「付き馬」の滑稽な話がある。

廓遊びをして支払いの金に不足を生じると、女郎買いの連中はだいたい「行燈部屋《あんどん》」へ下げられる。階段下や廊下脇の物置部屋である。連れのある者なら、一人が金の調達で外出が許され、他の者は人質格でこの部屋に居残らねばならない。しかし、一人客の場合にはどうしても、金の工面に帰さねばならないから、誰か監視かたがた不足金の受取りに若い者など付けてやらねばならなかった。これが「付き馬」で、客からいうときは「馬を引く」とか「引き馬」と称するのだった。

〝向う見ず飛ばせた駕籠が馬になり〟
〝引き馬で大門を出るとんだこと〟
〝朝帰り狐が落ちて馬がつき〟
〝放れ馬よくよく腹の立つ気なり〟

付き馬の男がよく途中でマカレてしまうこともあった。放れ馬は奔馬のことだが、この句は他の戯句とも解せられる。

むかしは吉原通いも馬で行った。そして馬子の案内で娼家を訪れたが、その客がもしも遊興費不足を来すと、金の工面先までこの客を案内して来た馬子に取立てを托したのだった。すると馬子は再び自分の馬に客を乗せて付添って行った。馬を付けるとか馬を引くとの言葉はそこから起ったという。

悪質な遊客で支払金の取立ても出来ないような、承知で遊び過ぎ、不足分は払わないつもりだった者などに対しては、廓内の質屋と古物商を兼ねたような「始（仕）末屋」というのに突き出された。ここではその客の身ぐるみ剥いで、少しでも不足分に充当するわけだが、もともと引合いになったものではない。処罰的な意味でもあるけれども、裸で道中はできない申訳に、古襦袢一枚に破れ傘一本を背負わせて追放するのが例であったという奇抜な習慣があった。

ふみ

女郎の手管にはさまざまあるが、遊客にそれが技巧的演出であるとわかったのでは効果がない。それだけにこのことはあまり知られていないことが多い。ことに性的技巧などはそれで、「下刈り」「毛引」などは防傷防毒の上からだけでなく、いろいろな理由があったのである。そしてさらにその方法とか実際の場面は、たとえ娼婦とはいえ、ひそかに隠れて行われたようであるし、小さな手鏡を前に置いてぶざまな姿でやったから、この用に供する鏡は決して他人に見られぬよう、箪笥の奥深くにしまっておいたという。

それから遊客に送る女郎の文も、これは手管の一つとして重要な意義をもつものだった。そこで抱主も暗黙のうちに奨励しているくらいで、客を先に寝床へ入れて、その枕頭で書く文の風俗も許していたのである。

女郎は客をたぶらかす「狐」、それに対して遊客の方にも遊び馴れた老狡者がいて、それを「狸」と異名した。

〝立膝で文を書くのも姿なり〟

客を先に寝かして、その枕辺に立膝姿で行燈に向かって長々と女郎が文を書いている。早く床をつけたらよいと思いながらも、客はわざと鷹揚に構えて、薄目をあけて狸寝入りをしている。立膝の下からかすかに窺われる緋縮緬の間の白い脚、気は逸れど〝文書く咎《とが》を責めるは野暮〟といわれるばかり、そう思わせるも女郎の一つの手管だったに違いない。

〝目がさめて見ればまだ書く長い文〟

〝化けて来た狐狸を起すなり〟

廻しをとって床に廻った狐、待ちくたびれてつい眠ってしまった狸、亀と兎の譬えにも追いつけぬ不覚。

〝起きなんしなと狸へより掛り〟

美妓にはとかく弱いというもの、「おいらん」とは、女郎が客をだますには尾はいらぬ狐だからだとの戯解の語原もある。

情事の文には古来さまざまな書き方が伝えられていて〝参らせそろ〟は多く書くほどよいといわれたり、女郎の文は〝嘘と誠をつき混ぜる〟ものと相場は定まっていた。

〝二十七思えば嘘のつき納め〟

〝当分うそがやみかねる受出され〟

十八歳から苦海十年、二十七歳で女郎は年季が明けて自由な身となった。

だが人情本にもきまって出てくる詞だが、女郎の口説は聞き飽きるほど、誰も同じく顔を見ぬうらみつらみ、さては思わせぶりの恋情の数々だが、そうして遊びの魅力に客を引き寄せる手段だった、客の呼出し、金の無心、紋日の約束など文にもいろいろあった。

明治以後の吉原へ来る客も、登楼者はみな「客帳」記入のために、一応住所、氏名、年齢などを告げねばならなかった。しかし遊び馴れた者はたいてい斎藤とか田中とか、ありふれた偽名を使い、住所などもでたらめだった。それでも客を誘うため女郎は暇さえあれば文を書き送るのが勤めの一つとなっていた。

そうして差し出した郵便が住所不明、宛先不明で郵便局へ戻ってくるのは当然だが、金釘流の文字で鉛筆書きなのが特徴の上、差出人は御存知よりなどとあるだけ、返すことも出来ず、郵便局に山となり、規定公示期間を過ぎなければ焼却もならず、手数がかかるから、このために局員の数も増え専属局員がいたという。

江戸時代には廓の女郎屋を毎日廻って、女郎の文を集めて届ける稼業の「文屋」があった。「便り屋」とも称したが、これが「飛脚屋」の発展となり、郵便法が制定されるまで通信運輸の業を営んだのである。

それ以前には「文使い」とて、女郎の文を宛名の客のところまで届けた風俗があったわけで、外出の男衆に頼んだり、知人に托して送ったり、出入りの者に届けてもらったり、さまざまだった。『書物語辞典』（一九三六年）には、

文屋（ふみや）。本屋。ふや又はふんやと読めば学問所、大学寮。

とある。「文使い」は私的なものだが、それを商売にしたものもあった。「便り屋」の名は『守貞謾稿』にも見えるが、明治の郵便法が出るまでの町飛脚屋の一種で民間に起こった「便利屋」のことが記されている。

わが国での手紙通信は、以前には「文箱」（文庫）に入れて使いの者に持たせてやったり、紙に包んで封を書き送ったりしていた。包み方や封じ方の形式のことは、魚澄惣五郎著『手紙の歴史』（一九四三年）にも記されているが、『真佐喜のかづら』に、手紙の封筒というものが行われ出したのは、寛政のころ、大坂に始まったと見える。そして、幕末の頃、吉原の遊女から商家の遊客に宛てた手紙のいくつか実物を見たことがあるが、幅四センチ程の手製の封筒に入れて封を書き、表面に宛名、裏面下部には御存知よりと記されていた。

庶民一般の手紙は「結び文」のものが多かったようである。

素見物

見るだけで買わないのを素見という。吉原では張見世の女郎を見物に歩くだけなので「素見物」であり、通称は「冷やかし」という。商売人からいえば買わない客はとんと有難くないわけで、〝品物をよくほめる奴に買ったためしがない〟などという。

冷やかしとの語原については、千住辺の紙漉き職人が材料の楮《こうぞ》の皮を取るため、水に冷やかしておく間、吉原見物に出掛けたことから、ただ見物するだけのを「冷やかしだ」といったことに始まるという。

廓通いの人のうちには「吉原好き」というのがあり、吉原近くに住む者だと夕食後などには、毎日でも張見世をひやかして廻らないと気が済まなくなったりする。それが吉原好きの連中なのである。

俗に「伝法肌」といえば、ハッタリのきいた粗暴の言動をいうのだが、江戸の浅草伝法院の下男たちが、寺の威光を笠にきて、境内の見世物小屋に料金も出さずに入場したり、飲食店で無銭飲食をして荒し歩いたためだった。無銭入場、只見、値を聞くだけで買わぬ者などを総じて「ひやかし」客といい、異名には「油虫」ともいう。

〝本名は素見あだなは油虫〟

〝冷やかしは五丁かはかし二丁也〟

五丁は吉原、二丁は芝居町の意だが、ここに「かはかし」との称が見え、『川柳辞彙』（大曲駒村著・一九四一年）には、別に「かわかす」の項があり、二様の解釈が載っている。

かはかし〔乾かし〕。男色の異名、その語源は詳らかでない。

かわかす〔乾かす〕。只で人の物を使ったり見たりすること。芝居の只見などに云うことが多かった。

とあるが、男色異名というのは疑問で、乾く意の詞で『広辞苑』には、

かわかす。他人のものをただで使ったり、無料で見たり聞いたりする。柳樽に〝忘れたが因果国分をかわかされ〟（註：国分はたばこのこと）。

かわかす〔乾す〕。日光や火で湿気を去る。かわくようにする。干す。

という乾くことであろう。

吉原の通言では、素見物を「ひやかし」というが、二丁町など芝居街の通言では、只見客やら芝居が不況で収益のないのを「乾く」といった。俗にアゴが干上るというのに同じ意の言葉である。

〝長じけに河童のかはく芝居町〟

「かっぱ」は芝居の木戸の客引きの異称である。「乾く」は水浸しにして冷やかすとの言葉に対していったものとなる。

〝新造はある夜一座にかわかされ〟

〝母親に娘へのこをかわかされ〟（芋田楽）

ただ取りされたとの句である。『交合雑話』その他の書にも〝花婿のへのこ姑にかわかされ〟との句が見える。

〝かはかしが付くで囲いの所替〟

新道あたりの「れんじ窓」の妾宅に住まわせてはあるが、他にも男の出入りがあるようで、只使いされてはと、また別の場所に住居を替えるとの句である。

〝素見物小見世などへは目はかけず〟

〝其処ァよせ二朱だと素見気の高さ〟

どうせ見るだけ、安物妓より美妓がよいというわけ。

〝素見物そのくせ念には念を入れ〟

〝相惚れは額へ格子の跡がつき〟

張見世の妓を品評して、買いもせぬのに入念に品定めする者もあれば、惚れ合いながらも遊ぶ金のない両人が、格子見世の内と外での長語らい、つい恋しさに熱が入って押しつけた顔に格子の棒の筋が付いてしまったとの滑稽句である。

〝素一分は真ン中を行く仲ノ町〟

一分しか持たずに遊びに行く者が、他の見世を覗いて歩く余裕などない。志す見世を目指して真一文字との情景句なのだが、これには特別の風俗があるからだ。

両側に見世が向いあっているところでは、各娼家の客引きは自分の家の側を通る人だけに、「呼び込み」の声をかける定めになっていた。だからこの道路の中央を歩けば、どちらからも牛太郎の声はかからないで通り抜けることができた。

この定めが川柳句に現われているところを見ると、江戸時代からの習慣であったことがわかる。近代の赤線においても、また青線でもそうだったが、妓が街頭へ出て客引をしてはならぬとの禁令があった。そこで女たちは屋内から通行人に声をかけて遊びに誘ったけれども、客が通り過ぎようとすると、妓は屋内を右の端から左の端まで客を追うようにして呼び続けた。そして隣りの見世にさしかかると呼び止めねばならなかった。

吉原の正月の松飾りも、ここでは普通の家と違って各自の軒下に吊げるのではなく、道路に向いの見世の松飾りと背合せにして、わが家に向けて飾り付ける風習だったのである。

身上り

娼婦は男相手に稼ぐのが業であるが、遊客のうちには自分から惚れる男もあるわけで、男日照りで不自由もない筈なのに、妙なこと。ことに昔はそうした娼婦のロマンが少なくなかった。

しかし、俚諺にもいっているように〝色男金と力はなかりけり〟で、しばしば逢瀬を楽しもうとすると、結局金に詰まって男の登楼も困難になるのだった。そこで遊興代を妓が立替えて支払うのを「身上り」という。

このような場合、妓はさまざまな工面をして男に金を貢ぐことになるのだが、金持の客に手管の艶情を尽して特別祝儀をもらったり、またある客には哀れっぽいウソの苦境を訴えて、情けの金を受けるとか、「金子屋」へ衣類を曲げて金を作るなどするのだった。

芸妓の花街でも、男から口がかかって待合に出掛け、男に代って妓が支払を負担する場合は「受承り」といって、妓の責任で費用の記帳をしてもらい、後に清算した。三業組合では芸者の稼ぎ、待合の費用などすべて伝票で報告を受け、計算日に清算して各々の決算をするのだから、待合が客から現金収入を受けても、この清算日に差引決算をして芸者の取分を支払うことになる。だから「受承り」には、芸者の稼ぎ分を芸者置屋に支払う分から、その日の立替分として差引支払が行われることになった。

戦後ある「青線」の私娼家が語ったところによると、娼婦の稼ぎ高は毎月所定の日に計算して、一応伝票で妓ごとに知らせ、現金で欲しい者には渡し、預りを望む者はそれぞれの貯金通帳で保管しておくのである。しかし妓の貯金がたまると、とかく遊び客の甘口に乗って貸し損になったり、金ができると妓は概して稼がなくなり、客の撰り好みをして客付きが悪くなるものであるから、金ができると雇主が適当に気を使って、妓に着物を作らせるとか、道具を買わせるとかして、あまり金を持たせぬようにしないと、長く居付いて稼がなくなるとのことだった。娼家にもこうした経営の秘訣があったのである。

〝身揚りを遣手高見で見物し〟

『川柳辞彙』には、

遊女が自分の金で一日を買い切り、その行動を自由にすること。要するに費用自弁で勤めを休むことで、こうして揚代を持たぬ貧しい情夫に逢引することも多かった。

といっている。

抱え妓というものは、自分勝手に勤めを休むことは許されなかった。女郎は生理日さえ「まじない」をしたり、工夫をして勤めをするくらいだったし、芸者にしても届出てお座敷を休むのであり、毎日の勤めに生活がかかっているどころの話ではない、苦労と義理を使っていた。もし客と一緒に旅行する場合は、「旅行遠出」の玉代を付けるし、自分用で勤めを休む場合には、理由を申出て、その時間分の玉代は自弁しなければならないから、これを「用事をつける」という。だからなんとか理由をつけて「用事」といい、身上り代わりに他の場所で男と逢うこともできないわけではない。玉代を自弁させるのもそんな事情の予防策である。

〝饅頭に楊枝がついて食えぬなり〟

とは楊枝と用事とをかけていった句で、ここでは生理日の用事を意味し、指をくわえて眺めるばかりとなる。

ぬすみ

情事語では「交る」と書いて「とる」と訓ませている。取組み、嫁とり、一番どりなど多くの例が交じわる意である。

〝とるという晩ンにとられる恥かしさ〟

これは婿取りの句でもあろう。ところで、岡場所遊里の通言には「ぬすみ」ということがある。洒落本『古契三娼』には、

深川なんぞじゃア、そんな手重いことはねえが、宵泊りをつけた客の来る間に、ぬすみを売りやす。

とあり、客のお座敷の合い間に、ひそかに間夫と逢ったり、他の客の勤めに出て稼ぐのを「ぬすみ」というのである。目を忍んで別の稼ぎをするから「盗み」というわけだった。

鼠

ねずみは不寝見として、夜寝ずに稼ぐところから起こった名という。「嫁が君」とも呼ばれる。ところが明治中期の私娼の異名に「ねずみ」と呼ばれたのがあったと『都の花』（明治三十四年〔一九〇一〕・都新聞附録）にこの称が見え、また宮武外骨著の『売春婦異名集』（一九二一年）には、

商売の女が二、三の旦那をとっていながら、なおその旦那に内密にてチョイ、チョイと一夜限りの淫売をすることをネズミといい、亭主ある女がその亭主と相談の上にて淫売するのをアイネズミという。けだし相対つくのネズミという意か、或は右のネズミと普通の淫売婦との間と解すべきか。

といっている。娼婦は夜寝ずに稼ぐからネズミといい、相ネズミは相談ずくのネズミともいえるだろうか。江戸時代に石見銀山の鼠取薬を売りに来た者は、往来を「いたずらものは居ないかナ」と叫んで来た。いたずらものとは鼠の異名で、悪さをするもの、盗みするものとの意であるのだが、この薬売りが来ると子供たちは怖れて家に隠れたりしたという。こんなことから淫奔者、盗みするものの意にネズミの称が用いられたのかも知れない。

〝馬喰町いたづらものの元祖也〟

しかし娼婦にいうネズミは結局、密売のこととなり、岡場所通言にある「ぬすみ」同様の行動である。よって江戸通言の「ぬすみ」の平仮名が、明治時代には「ね」と誤られて密娼の名となったのではあるまいか。

間　夫

俗にいう間男、情夫、密夫のことを遊里語では「まぶ」という。俚諺には〝まぶは勤め間夫のうさ晴し〟ともあり、娼婦稼業は客をとることを専らとして、いやでも勤めねばならなかった。そう考えると苦界であったに違いないが、さまざまな客に接し、少しでも苦悩を忘れ、自身の身心の消耗を防こうと種々の手管が用いられていた。だがそれとは逆に、常に男に不自由しない彼女らであっても、女として自ら愛する相手を求める心もあったし、あるいは遊客のうちには自分から惚れる男もあった。その理由もいくつか数えあげられるだろうが、かくて娼婦が勤めのうちに特別の真情を傾けて、〝躰は売っても操は売らない〟という男を「まぶ」という。そしてこの男との逢瀬を〝苦しい勤めのうちでの憂さ晴し〟だといっているのである。

〝間男をせぬを女房は鼻にかけ〟

〝間男をせぬは手前の妻ばかり〟（知らぬは亭主ばかり也）

〝入聟と間男までにあなどられ〟

〝死なぬうちから女房はひとのもの〟

〝よがり泣きすると間男してはなし〟

一般の間男と遊里の間夫とは多少意味も語義も異なっている。『色道大鏡』には、

間夫は真夫とて妓が真情を傾ける男のこと、勤めを離れてつくし愛する男。

の意にいっている。『通人必携』には、〝遊女の私夫をまぶと云うも金山詞なり〟とあるが、「金山詞」とは鉱山夫の間に行われる通言で、一種の隠語だった。これらの金山詞は随筆書にもよく出てくるところで、鉱夫などが遊里に遊んで伝えられ「せんぼ」（遊里隠語）となったのであろう。

近代の隠語の「まぶ」は、本物、真実、といった意味に用いられているので、それからでも真夫ともいえそうである。「間夫」と書けば中間の夫、遊女に夫ということもないから、遊客と正式の夫との中間にある「私夫」「密夫」の意となろう。

娼家のいろいろ

娼家・遊里

娼家や遊里の呼称、異名などは大分種類が多い。散娼、集娼、移動娼、街娼、水上娼、賤娼、密娼等々で、稼ぎの場所、娼家の構造にも違いがあって、さまざまな風俗が行われているのである。新興都市の発展途上地では必ず食い物屋と娼婦の家が発生流行するが、それも人間の本能と生活からの欲求を現わしているものである。

亡八

忘八とも書く。『古語辞典』に、

仁義礼智信忠孝悌を亡った者の意、遊里で遊ぶこと、また遊女屋。

とある。この八徳を忘れるくらい面白いところとの意だという。また遊女屋の主人のことにもいわれ、もと中国から伝えられた言葉だった。

〝亡八に見参せんと武左怒り〟

武左は武左衛門の略で、下級の田舎侍の総称。くるわでは野暮で武骨な嫌われ客とされ、女郎が床に廻って来ない腹立たしさに、亭主を呼びつけ文句をいおうとした情景。武士だけに怒りのあまり〝亡八に見参〟などがおもしろい。

〝こりゃ善助身共枕は買いに来ぬ〟

小咄には堅物の武家客が遊びに来たが、不馴れで一向に座敷が賑やかに調子づかなかった。やがて宴席がお開きとなり、お床入りとなると、女中どもが閨のときにはどうであろうかと、それが見ものとささやき合い、障子の隙から覗いていると、おいらんのようやく攻め場となって「わちきはもう死にんす」というに、武家「身共も相果てそうじゃ」との滑稽話がある。武家だけに最後の境地を相果てるといわせているなど傑作である。

蔭見世

大正年間に遊廓の「張見世」が禁じられてから、「写真見世」となり「蔭見世」となった。

蔭見世は以前のように張見世をしないで、妓がみな店の奥に隠されてしまったのだが、実際にはさまざまな工夫が行われていて、店の奥まで客を通し、そこから妓が群がっているさまが見えるようになっていたりして、結局妓の実物を見せて、そのうちから選定させる目的と、一面には、またそれによって遊客の心をそそる意図のものだったのである。

しかし張見世のなくなった遊里などまったく淋しいものだった。遊びというよりも、女なら誰でもよいという慾望の人ばかりの行くところとされてしまったことにもなる。江戸に吉原遊廓が官許となり、いわゆる「公娼」だったために吉原のあの繁栄があったのであり、大衆の面前に娼婦の姿を晒すのは残酷だとは一つの理屈だが、公娼時代の張見世禁止は矛盾がないとはいえない。

ところで蔭見世のことだが、『世俗奇談』に安永三年頃の新宿のことをいい、かげ見世は美服着し、紅白粉のよそおい、あたかも吉原におとらぬ春花を置きたり。とあって、この時代すでに「蔭見世」の称があったが、これは新宿女郎は江戸四宿の一つで、飯盛はたご屋の名目で女郎屋が許されていただけに、抱え妓の数に制限があり、規定数以上は置けなかった。そこで定めの数だけは「見番」として張見世をしていたが、それ以外の内密の妓は「内見世」で客を待った。これが蔭見世妓で衣服も化粧も遠慮なく美装していたのだった。

要するに蔭の名は内密、隠れた意味をもっていたのである。近代の花街で芸者の売色にも蔭を売るといっていたし、昔の蔭間にも正式でないモグリの意があったわけである。

新潟の北廓では「仕舞見世」といっている。

子供屋

深川の岡場所遊里で、茶屋へ呼んで遊ぶ女郎や芸者の置屋を「こどもや」といったと『江戸編年事典』にある。

深川では仲町、大新地、やぐら下、新石場で茶屋が発達し、客は茶屋から芸者や女郎を呼び出すのがならわしで、それを「呼出し」といった。呼び出しをかけられる芸者、女郎の置屋を「こどもや」と呼んだ。

しかし新地、古石場、常盤町などはやり方が違う、茶屋から呼出しをかけるのではなく、芸者、女郎の抱えられている家へ、嫖客の方で出かけて行く。これを呼出しに対して「伏せ玉」といい、この場合女は廻しを取った。

と文化年代の項に掲げられている。「伏せ玉」とは隠し売女の意である。妓のことを子供と呼んだ。

〝小供衆などとやりては〆めたとき〟

〝小供ヤアなどと廓下を呼びあるき〟

京都でも芸者を「芸妓衆」(げいこし)、舞妓を「小供衆」(こどもし)といっている。

娼家のさまざま

娼家構造には特殊性があり、厠、風呂場は奥まったところにあって「下湯場」の設備があるのだし、部屋にしても大部屋、本部屋、廻し部屋など用途が違うのであり、割部屋をする場合もあった。戦後の「青線」の建物にも客席は見通しのきく部屋でなければ許さぬ規定だったが、申訳的な小窓を造って隣室との境とし、客が来れば向う側の見えないガラス窓をしめたりして使用したのだった。

また古くからの個々の私娼家などには随分と変わったのがあるし、俗言には〝京の女郎に、江戸の張りを持たせ、長崎衣裳着せ、大阪の揚屋で遊びたい〟とて、それぞれの特長を挙げているのだが、大阪の「揚屋茶屋」は豪壮な造りで著名だった。

茶屋で異色の存在には、京都の「盆屋」、広島の「ちょろ」の私娼家などがある。

『売春婦異名集』茶汲女の条では、「高安澄信翁筆記」を引用して、

茶見世あり、客人床几にかけると女前垂して茶を持ち出る、その女を買う也。この茶店は今のぼん茶屋なり。

とある。これは後には安待合として男女密会宿となり、嘉永四年に禁止された記録があるものだ。近年に

も存在し、奥まった町裏に「○や」と書いたのれんの家で、この○は盆を意味し、訓みはボンヤだったという。

客は同伴であろうと単独であろうと、かまわず入口から階段を上って二階に入る。たばこ盆と座布団が置かれているくらいで、誰も家の者が出て来ない。そして部屋の隅の台の上に丸い盆が置かれていて、室料など代金はそこに乗せて置くよう貼紙が出ているだけだという。だから客は勝手に帰りがけにここへ料金を置いて行けばよいのであり、もしも置かない場合は階段を下りきらないうちに、どこからか声がして催促されるのだそうだ。不思議な化物屋敷のようだが、誰にも気がねのない静かで殺風景な家なのである。

これに関係する川柳はどこにも見当らない。

編笠茶屋

明暦の仮宅以後、遊客の武士などが廓内を歩くとき編笠をかぶる風俗が起こり、新吉原になって元文のころから「貸編笠屋」が出現した。これが「編笠茶屋」である。『嬉遊笑覧』には、

田町または五十間路の左右あみがさ茶屋は、明和五年四月焼亡、以前までは両側にて二十軒ありしとなり。

と見え、『守貞謾稿』では、

田町あみがさ茶屋の数百八十余戸、今は引手茶屋と云也。

とあり、時代で増減があったのであろう。

「編笠風俗」は明暦三年（一六五七）正月の江戸大火によって一時吉原遊廓の営業が浅草山谷、今戸辺に

「仮宅《かりたく》」営業を初めて許されたときに起こった。それまで公娼は吉原の廓だけだったのを、このとき初めて仮宅として廓外に移されたのだから、大変な評判になり、土地の人々が見物に出掛けたほどだった。その中に混じって遊客の武士はあまり顔を見られたくなかったのであろう、編笠をかぶって往来したのだった。

そのことから、やがて編笠茶屋の出現となり、ここでは『仮名世説』にいっているように、

遊客あみ笠をかぶり大門を入ることとなり。編笠を借るに、銭百文を出して借り、帰路にこれを返せば六十四文さきより返すよし云々。

そして笠にはそれぞれの茶屋の焼印が押してあったので、ここは貸編笠屋だったとともに一種の案内茶屋ともなっていたのである。そこで吉原通いの船宿でも貸すようになり、その後も永らく船宿の軒には編笠を吊るして目印とされていた。かくて吉原の編笠茶屋は明和頃まで続いたという。

京都の島原遊廓では、角屋主人著の『はなあやめ』の記によると、

人目をいとう武家の廓通いには、必ず深編笠をかぶりしものなり、寛政年間にも東の出口に一軒「貸編笠屋」ありたり、この編笠に焼印を押しけるより「焼印笠」とも異名したり、されどその後いくばくもなくしてこの事廃れたり。

という。また大阪新町廓では、大門の番所で貸し料金をとっていたのだが、門番一家が兼業し「あみ笠屋」と称したと『日本遊里史』には見えている。

始末屋

廓内の始（仕）末屋のことは前にも記したが、『川柳辞典』には、

遊里の支払に窮した客が、着類や身の廻りの持道具を一時預けて金に代える家。簡便な質屋の如きものであった。

と記している。

〝毎度お世話と始末屋へ三会目〟
〝かくの始末やと紙入あけて見せ〟
〝またおめへかへと始末屋あきれはて〟

吉原だから三会目といった洒落た句である。常習者もあったに違いないが、やかましくいえば、以前登楼した家以外の妓楼へ行って、別の妓と遊ぶことは許されなかったのである。だから不義理をして他で遊べばよいというわけにも行かなかった。

妓　夫

遊里の客引男のこと。京阪では「引子」といって女が客引をした。吉原では「牛《ぎう》」、「牛太郎」など呼び、客からいうときには「男衆」とて男衆が「牛台」に座って呼び込みをしていた。『天言筆記』には、

近年夜鷹を抱置業者は本所吉田町、鮫ヶ橋、下谷山伏町にも有之、右之女共へ同居致居候男を差添え、夫々へ出すなり、これを「ぎう」と云う也。

とあり、街娼の「よたか」にも妓夫がつき、客引と見張役とをつとめた。近代の「引っ張り」の街娼にも妓夫がついていたり、あるいは仲間で共同の見張役が雇われていたが、下級娼婦の妓夫は「紐の男」だったりして、文字通り「妓夫」に違いなかった。

吉原の牛太郎の起こりは、寛文八年（一六六八）、風呂屋女の売色が流行してしばしば取締りがあったが、この年遂にこの種の淫売女の大検挙があり、多数の女どもが吉原送りとなったし、風呂屋どもも吉原にて遊女屋を始める者ができ、「散茶女郎」とて安値妓の一階級が生まれたくらいだった。このとき風呂屋から吉原の遊女屋稼業に転向した家では、格子見世などとともに、風呂屋の番台に似せて作った場所に客引男を座らせたのが始まりだったという。

牛との名称には「及」の異名から起こったとの異説もあるが、その昔遊客を引いて来た馬子の馬に対して、これは「牛」といったのではなかろうか。

〝夫婦別あり鷹となりギウとなり〟

〝木挽小屋じゃならぬと牛断わられ〟

切見世

見世の称は格式、大小などによって多くの名があるが、「ちょんの間」遊びの娼家を「切見世」といった。『守貞謾稿』に、

切見世、本名局女郎なり、昔の吉原の局女郎は中品妓なり。今は吉原及び岡場所ともに下品妓の名とす。切とは須臾（しばらく）を一切りといい、一切百文なり。一切須臾なるが故に房事に及び難く、多くは一倍或は二、三倍す。

とあるが、「鉄砲見世」などの異称もあった。また、『川柳辞典』の説明では、

一切いくらの下等売女のいる長屋見世。一切は今の十分位にあたる。玉代百文が相場であった。

とある。

〃切見世は突き出すように暇乞い〃
〃切見世は立消えのする頬冠り〃
〃局見世は暦のように年が明け〃
〃いい玉で鉄砲見世はどんと当て〃
〃鉄砲で二百置きなは二つ玉〃
〃鉄砲は受身の方で玉を込め〃
〃鉄砲が悪く当って鼻が落ち〃

この〃切見世は立消えのする頬冠り〃の句は、頬冠りの客がいつの間にか姿を消したとの情景の平凡な句だという人もあるが、頬冠りは包茎の異名ともいい、ちょんの間の忙しさに、途中で終息してしまうとの秘義があるようだ。

また暦のように年が明ければ、岡場所の下級妓は一年ごとの年季契約なので、一層毎日があわただしいとの句である。

警《けい》動《どう》

怪動、傾奴などとも書く。隠語にもいわれて賭場の手入れに用いられている。また「警八風《けいはっぷう》」とて、風俗取締りの臨検などの隠語は、警察処罰令第八条の略称だった。俗に「風を食らって逃げる」との「かぜ」もこれから出ている。「どさを食う」の「どさ」は雑踏の逆称略語で、あわて混乱する意味であった。

「けいどう」の最初は寛文三年（一六六三）だったという。江戸の岡場所に行われた淫売女の一斉検挙であるが、後には賭場の手入れにもいわれた。不意に現場に警吏が踏み込んで来て捕えるので、警動、怪動などと書いたのであるし、あわてふためいて騒動になるのだった。「傾奴」は捕えられた女どもが吉原送りとなって、強制的に「奴女郎」（やっこ）にされるのを洒落て当て字にしたものだろう。

寛文三年の吉原は不況だった。それは当時風呂屋女や岡場所の隠売女が盛んになったからだとして、吉原では廓が官許になったときの「元和五ヵ条」の覚書を根拠として、その筋へ私娼の掃蕩、吉原の保護を申出ていたが、たまたま吉原の手の者が数人、岡場所の「茶立女」を捕えに出掛けたところ口論となり、却って岡場所側の者にいためつけられ喧嘩となった事件があった。

その後奉行所では、湯女風呂の取りつぶしなどの取締を強化したため、今度は業者たちには茶屋構えで「茶立女」と称して娼売をする者が現われ、奉行はついにそれらの業者に吉原入りを勧告し、さもなくば断固壊滅させるとして一応考慮期間の猶予を与えたが、いよいよ寛文八年に至って、江戸市中の隠売女の大検挙を行ったのである。その結果、娼家七十余軒、娼婦五百十二人が新吉原送りとなった（『古今吉原大全』）。以来この警動はしばしば行われたが、捕えた娼婦は「奴女郎」として刑罰的に吉原で公認の女郎を勤めさせられた。

『古今吉原大全』に、

古へ武家方にて不義などありし婦人をいましめのためとて、五年あるいは三年の年季にてこの里へ勤めに出すを「やっ子」といいしなり、その後は端々の売女、この里へとらるるをも「やっこ」という。

とある。

奴隷的なもので刑罰のためということでもあって、吉原へ送り楼主たちに分配させたのだった。初めは廓名主の話し合いで順次分配したが、後には入札で安く買いとった。

常々の遊女仕入れは「女衒」を通じて身代金を出したり、相当の費用を要するわけだけれども、「奴女郎」は身代金の必要もなく、業者間で安く入札でき、抱妓にも不自由しないのだから、一面吉原の業者保護策ともなったわけである。奴女郎の年季も、天和三年（一六八三）には五年間ということだったが、享保八年（一七二三）には三年の年季となった。

奴女郎の入札金のこと、女郎の扱いについては「新吉原町定書」に規定されている。『通人必携』で奴女郎のことを記している条には、その後「傾奴女郎」などの名ありといっている。廓内でもそういって蔑視されたのである。

〝けいどうで羽織をひとつ棒にふり〟
〝けいどうの晩ンに無腰で武士帰り〟
〝岡場所はこれがいやだとうろたえる〟
〝夜鷹にもけいどうの入る俄か雨〟

けいどうが入ると客も巻き添えを食う場合があるので、羽織をどこかへ失ってとんだ余計な損失だったとの句であろうが、あるいは羽織芸者のことであろうか。羽織芸者の名で日ごろは多少意気地を誇る様子であったのに、やはり売色芸者で怪動を食ってしまったとの句意か。

博徒などの服装に、素肌に着物をきて、帯も三尺帯を前あるいは前横に結ぶのは、もしも手入れがあって逃げる折、追われて後ろから掴まれても、手早く帯を解き、着物を脱ぎ捨てて相手の手に残して逃げるためだったし、着物の袖口が普通より大きく作られたのも、そうした用意だった。
四つ目の句は、夜鷹は野天稼ぎなのだから俄か雨のときは思いがけない損害ということになる。そんなときの騒ぎと、ごたごたの間に客に逃げられてただ働きにでもなれば、一層ひどい損失である。

見番

古くは「懸板」「見盤」「見板」などとも書かれて、お座敷が掛かって勤めに出ている妓は、名札を裏返しにして見分けのつくようにしていた。

〝見番はみな俗名へ香を立て〟
〝見番へ浴衣抱えて素顔の妓〟

見番とお座敷へ出ている妓と線香とを詠み込んでいる句。浴衣抱えては湯に行く途中か、湯上りには磨きをかけた肌に襟白粉だけを濃く塗って帰るのである。それからの化粧も念入りだが、その化粧の美よりも不思議なのは芸者の容姿がいかにも粋で、独特のきりりと身についた着物の着付、それどころか顔つきまで締まって男勝り、しかも色っぽさのある、一種の芸者タイプが皆自然に備わってくるのだった。その点では女郎の様子や顔とは大分異なるのは、なんというわけか。
さて見番について『川柳辞彙』には、
芸妓屋の取締りをし、その箱廻しを掌るところの称。芸妓がお茶屋へ呼ばれて行くと、線香を立ててその時間を計る。これを「花山」を計るといい、花代を線香代と云うた。
とあり、勤めの時間は置屋を出て、この見番へ立寄り出を記録したときから計算されるのである。また花代の記入帳を「花山帳」という（女郎屋では稼ぎ高の記入帳は「水揚帳」といっている）。「箱廻し」は芸妓の出先を案配する意であり、これらはいずれも花街の通言であった。

安永八年（一七七九）、吉原では、大黒屋秀民によって芸者の見番が設けられた。そして芸者人別帳（名簿）を作って厳重に監視することとなった。これはそのころようやく廓内の芸者が数を増し、すごぶる勢力を張ったし相当流行して、なかには遊女と変わらぬ発展振りを示したのもあったからで、遊女稼業が侵害されるというわけで、見番を作って厳しく監視を図ったのだった。しかしこの秀民が組織した見番制度は厳し過ぎるくらいなもので、文字通り監視者として恐れられたが、一面秀民はそのことでかえって大きな権力を得たかのように、自身の収益も忘れなかったという。

寛政の「新吉原町定書」に現われたところでは、

一、茶屋のうちには客引留め、芸者等大勢引揚げ、中には女芸者共、客相対など申しなし、如何の筋も有之、中宿などいたし、遊女屋へは罷り越さざる類も有之趣にて、遊女屋渡世の障り、畢竟茶屋共心得違いのことに候間、以来茶屋共一統申し合せ、右体如何の筋無之よう、堅く相守り、たとへ茶屋にて芸者呼び候客有之候とも、聊か紛らわしき儀無之様致し、もし相背き候はば、茶屋は遊女屋一統案内差留め女芸者も差留申すべき事。

一、女芸者不埒の中宿いたし候両隣りの茶屋も、申合せ行届かざる儀に付、過怠のため一日商売休ませ申すべき事。

などあるように、当時一日に二人以上芸者は大門から外へは出さぬことにしたり、芸者は三人一組で座敷へ出て、決して一人で客席には出さぬ定めとしたのであった。

嘉永元年（一八四八）には、深川の岡場所にも見番ができた。寛政三年の『仕懸文庫』には、
板がしらとは、よせばの板がしらだということ云々
とあり、以前にも深川遊里には「寄せ場」があって、そこには妓の名札が掲げられていた。この名札は売れっ妓の順に並べられ、最上妓を「板頭」と称し、その次位を「板脇」といった。
近代の見番は通常は「三業組合事務所」なのであり、芸妓の案配、茶屋からの申込受け、三業間の収支計算などを取扱っている。土地によっては見番、券番、検番など称しているところもある。
〝娼りをば切売りにする花山帳〟
〝いきな線香一両に五本なり〟
花代を近代まで一時間何本、一本いくらとの数え方をしていたのがあった。ややこしい方法であるが、線香代の伝統を襲いだものだった。

遊里と川柳ということでは、西原柳雨の『川柳吉原志』（一九二六年）や、大曲駒村著『川柳岡場所考』（一九三八年）などの権威ある書をはじめとして、いくつかの刊本があるし、近年には田辺貞之助著『古川柳風俗事典』（一九六二年）といった類もあるが、昭和六年（一九三一）刊の草薙金四郎著『川柳辞典』は、遊里と遊里通言などを主とした辞典だった。
この書は昭和二十七年（一九五二）に全日本出版社というところから小形の復刻版で出た。
『川柳辞典』草薙金四郎著　小形判四五〇頁、索引五〇頁、定価三百円
となっているが、本書は当初大阪にて出版され、発行所がいくつか変わっていった妙な刊行歴をもつ書で

あった。おそらくその後ゾッキ本になって伝わり、東京のゾッキ本屋の全日本出版社から復刊が出たものだろう。定価三百円も実際は百円で頒布されていた。最初は四六版二段組だったが、ここでは小形一段組みで旧紙型を半裁にして横本としたものだったのだろう。

内容掲出事項は遊里関係の項目とそれらの通言に、多少の江戸俗語と性語が収められていて、説明は相当に詳しく、遊び馴れたものでないと気付かれないようなところまで記しているのである。そんな意味で特にこの書のことを付記した次第である。

■著者紹介

中野　栄三（なかの えいぞう）

近世庶民風俗研究家

〈主な著書〉

『珍具考』（第一出版・1951）、『陰石語彙』（紫書房・1952）、『旅枕五十三次』（紫書房・1953）、『江戸秘語事典』（雄山閣・1961）、『性風俗事典』（雄山閣・1963）、『遊女の生活』（雄山閣・1965）、『性文学入門』（雄山閣・1969〔『艶本の歴史』2024〕）、『古画の秘所』（雄山閣・1968）、『銭湯の歴史』（雄山閣・1970〔第五版 2024〕）、『川柳秘語事典』（檸檬社・1973）ほか多数。

※カバー掲載図版

表：三世豊国画「新吉原稲本内　小稲」

（東京都立中央図書館／資料コード 4300543501）

裏：落合芳幾画「新吉原江戸町一丁目尾州楼　長尾」

（東京都立中央図書館／資料コード 4300543431）

令和６年（2024）12 月 25 日　初版 第一刷 発行　《検印省略》

新編《しんぺん》　**廓《くるわ》の生活《せいかつ》**

著　者　中野栄三

発行者　宮田哲男

発行所　株式会社 雄山閣

〒 102-0071　東京都千代田区富士見２－６－９

TEL 03-3262-3231㈹／ FAX 03-3262-6938

振 替 00130-5-1685

https://www.yuzankaku.co.jp

印刷・製本　株式会社 ティーケー出版印刷

ISBN978-4-639-03017-1　C0021

N.D.C.384　264p　21㎝